Margot Schaub-Düring

Endlich frei von Rheuma

Endlich frei von Rheuma

Von Margot Schaub-Düring

HAUG

Karl F. Haug Verlag · Heidelberg

Die Deutsche Bibliothek – CIP-Einheitsaufnahme
Ein Titeldatensatz für diese Publikation ist bei der Deutschen Bibliothek erhältlich.

ISBN 3-8304-2003-X

Lektorat: Dr. Elvira Weißmann-Orzlowski
Bearbeitung: Claudia Rück
Umschlagfoto: Photodisc
Umschlaggestaltung: WSP-Design, 69121 Heidelberg
Bearbeitung und Satz: IPa, 71665 Vaihingen/Enz
Druck und Verarbeitung: Beltz, 69469 Weinheim

Geleitwort

Das vorliegende Buch zeigt in hervorragender Weise, wie sinnvoll es ist, wenn ein Rheumakranker sich mit den unterschiedlichsten Behandlungsmethoden befasst. Denn so kann er für sich schließlich die optimale Therapie und einen Weg aus einer qualvollen Krankheit finden.

Die Autorin gibt in ihrem Buch vielen Rheumakranken praktische Tipps und Hilfestellungen. Sie zeigt, wie lohnend es ist, verschiedenste unkonventionelle Möglichkeiten auszuprobieren.

Frau Schaub hat es auf ihre Weise geschafft, von einer schweren entzündlich rheumatischen Krankheit zu genesen.

Einen derart ungewöhnlichen und seltenen Heilungsprozess für sich selbst zu erreichen, dazu trägt dieses Buch bei.

Dr. med. Karl-Hermann Rohn
Gründau

Danksagung

Meinem Lebensgefährten Egon Jasinski, der mir während meiner Krankheit aufopfernd zur Seite stand, meinen innigsten Dank.
Herzlichen Dank Frau Dr. Elvira Weißmann-Orzlowski und Frau Claudia Rück vom Verlag für das äußerst sensible und perfekte Lektorat.
Besten Dank Herrn Dr. med. Karl-Hermann Rohn, Facharzt für Allgemeinmedizin, für die optimale ärztliche Betreuung und die fachliche Beratung.
Ich bedanke mich auch bei dem Team der Falken-Apotheke in Gründau für die langjährige geduldige und ehrliche Beratung.
Vielen Dank den Eheleuten Inge und Wolfgang Rothbrust für die freundliche Unterstützung und Ermutigung.
Schließlich danke ich noch allen Freunden, die mir geholfen haben, mein schweres Los leichter zu tragen.

Inhalt

Vorwort

Einmal Rheuma – immer Rheuma, so lautet die landläufige Meinung. Ich habe mir damals, als ich „mein Rheuma“ bekam, vorgenommen, diese Meinung zu widerlegen, denn ich wollte nicht als Rheumatikerin durchs Leben gehen. Mit meinen letzten Kraftreserven habe ich mich gegen diese Krankheit gewehrt, die sich wie ein ungebetener Gast bei mir eingeschlichen hat.

Rheumatismus ist in vielen Bereichen noch nicht restlos erforscht, und in den meisten Fällen kann er nicht geheilt, sondern nur gelindert werden. Eine Heilung gelingt nach neuesten Untersuchungen in nur etwa zehn Prozent der Fälle.

Vom sozialen und volkswirtschaftlichen Gesichtspunkt aus ist Rheuma, wie der Name umgangssprachlich heißt, leider eine der schwersten und teuersten Krankheiten. Es ist auch eine der ältesten Krankheiten, wie an Skeletten aus den Grabstätten ägyptischer Pharaonen festgestellt wurde. Der Name Rheuma kommt aus dem Griechischen und bedeutet soviel wie „das Fließende“. Damit sind die ziehenden Schmerzen gemeint, die von einer Stelle zur anderen wandern, einmal hier und dann wieder woanders auftreten.

Der Name ist ein Sammelbegriff für zahlreiche Krankheiten des Bewegungs- und Stützapparates. Kinder können ebenso von dieser Krankheit betroffen sein wie Erwachsene, Männer jedoch weniger als Frauen. Es werden generell vier große Krankheitsgruppen unterschieden: entzündliche Gelenkerkrankungen, Weichteilrheuma, Bindegewebserkrankungen und degenerative Gelenkerkrankungen. Von diesen Hauptgruppen gibt es wieder viele Unterarten, die ich hier unmöglich alle aufzählen kann.

Rheuma kann verschiedene Ursachen haben. Ein nicht unwesentlicher Faktor ist die Vererbung. Das heißt nicht, dass man zwangsläufig Rheuma bekommen muss, aber die Wahrscheinlichkeit, irgendwann einmal an Rheuma zu erkranken, ist größer als bei anderen Menschen. Aber auch Umwelteinflüsse, die Lebensweise, seelische Belastungen und andere Erkrankungen (zum Beispiel Entzündungsherde an Zähnen) spielen bei der Entstehung von Rheuma eine große Rolle.

Krankheiten befallen nicht nur den Körper. Sie erzeugen auch Kummer, Sorgen und Ängste, die die Seele belasten. Diese zehren an den Kräften und machen es dem Körper schwer, eine Krankheit auszuheilen. Eine Therapie muss deshalb den ganzen Menschen erfassen, mit Leib und Seele. Auch in der Schulmedizin macht sich diese Erkenntnis breit, leider viel zu langsam. In meinem Bericht werden deshalb auch die Methoden behandelt, die wesentlich mein seelisches Befinden stabilisiert haben, wie zum Beispiel Bachblüten, die Edelsteintherapie und manch andere. Sie waren für mich begleitende Therapien, ohne die mein Heilungsprozess wohl kaum oder zumindest nicht so schnell möglich gewesen wäre.

Rheuma tritt in Schüben auf. Ein Rheumaschub kann einige Stunden, aber auch Wochen oder Monate dauern, ja sich sogar über Jahre hinziehen. Der Krankheitsverlauf ist bei jedem anders, jeder empfindet auch die Schmerzen anders.

Ich habe mich gleich am Anfang meiner Krankheit für Naturheilmittel und alternative Therapien entschieden, und ich hatte damit Erfolg, auf den ich sehr stolz bin. Manche der Therapien, die ich ausprobiert habe, hatten bei mir allerdings nicht den gewünschten Erfolg. Bei einem anderen Patienten kann dies aber wieder ganz anders sein.

Wunder kann Alternativmedizin jedoch nicht vollbringen, das gilt aber genauso für die Schulmedizin. Wer sofort schmerzfrei sein will, muss sich für chemische Schmerzmittel entscheiden mit all ihren Nebenwirkungen und Gefahren. Ich habe diesen Weg abgelehnt. Für mich gab es keinen Grund, eine noch so unscheinbar anmutende Therapie auszulassen.

Mein Weg zur Gesundheit war ein ständiges Suchen und Versuchen, was letztlich zum Erfolg führte. Oft kam ich mir vor wie mein eigenes Versuchskaninchen. Aber ich habe dabei niemandem weh getan, auch mir nicht. Der Erfolg hat mir letztlich Recht gegeben, auch wenn ich nicht immer nach jedem „Selbstversuch“ sofort ein posi-

tives Ergebnis erzielen konnte. Eine schwere Krankheit – und um diese handelte es sich bei mir – braucht nun einmal ihre Zeit zum Ausheilen.
Hätte ich diese Krankheit etwa vier oder fünf Jahre früher bekommen, dann wäre wahrscheinlich alles anders verlaufen, denn damals war ich noch nicht auf dem Weg, mich mit Naturheilkunde zu befassen – ich hatte doch vielleicht ein bisschen Glück im Unglück.
Ich bin Krankenschwester von Beruf und habe 1953 mein Examen gemacht. Mir ist der „schulmedizinische Weg" also durchaus bekannt. Ich hätte mir gewünscht, bereits während meiner Ausbildung mehr über Naturheilkunde zu erfahren, doch dieses Thema war damals noch nicht „in".
Auf den Weg zur Naturheilkunde bin ich nach und nach, fast unmerklich, durch vieles Lesen gekommen. Im Jahre 1989, nach dem Tod meines Mannes, der (unter anderem) Dialysepatient war, wurde ich zum ersten Mal stutzig in Bezug auf seinen enormen Medikamentenkonsum. Es ging bei ihm am laufenden Band: War die Harnsäure erhöht, gab's ein Medikament. Vertrug er es schlecht – musste ein neues Medikament her. So ging es weiter ... mit seinem erhöhten Blutdruck ... mit seiner trockenen, juckenden Haut ... mit seinen Kopfschmerzen ... mit seiner angegriffenen Leber ... und so weiter.
In seinen letzten vier Lebenjahren war er dialysepflichtig. Das war nach Aussage eines Arztes unter anderem auf seinen enormen Medikamentenverbrauch zurückzuführen. Es ist sicher bekannt, dass die Zahl der Dialysepatienten ständig steigt, was nach Ansicht amerikanischer Ärzte zu 80 Prozent auf die Nebenwirkungen von Medikamenten zurückzuführen ist.
Drei Jahre nach dem Tod meines Mannes habe ich in meiner Apotheke zwei große Plastiksäcke mit Medikamenten entsorgt, die bei mir in Vergessenheit geraten waren.
Richtig aufgerüttelt hat mich mein Beitritt in die Vereinigung „Ärzte gegen Tierversuche" e.V. Nach deren Überzeugung sind Tierversuche nicht nur Tierquälerei, sie sind obendrein auch noch nutzlos, weil es ein gigantischer Irrtum ist, dass die Ergebnisse von Tier-

versuchen einfach auf den Menschen übertragen werden können. Das führte unter anderem dazu, dass immer wieder Rheumamedikamente vom Markt genommen werden mussten. Ein Bericht der Weltgesundheitsorganisation besagt, dass bis 1987 mehr als 6800 Medikamente wegen schwerer und auch tausendfach tödlicher Nebenwirkungen aus dem Handel zurückgerufen oder gar nicht erst zugelassen wurden, obwohl in Tierversuchen die Verträglichkeit für den Menschen nachgewiesen worden war.

Es gibt eine Liste von Rheuma-Medikamenten, die beim Tier harmlos, beim Menschen jedoch lebensbedrohend sind. Hier einige Beispiele:

> *Coxigon*, Rücknahme 1982, weil schwere, zum Teil tödliche Darmstörungen bei den Patienten auftraten,
> *Tanderil*, wurde eingeschränkt wegen lebensbedrohlicher, teils tödlicher Schädigung des Blutbildes,
> *Pacyl*, Rücknahme 1985, wegen lebensbedrohlicher Magen-Darm-Blutungen und schwerer Hautschäden,
> *Phenacetin*, ein Schmerzmittel, Rücknahme 1986, wegen schwerer Nierenschäden und erhöhtem Krebsrisiko. (Es gab allein 127 phenacetinhaltige Präparate!)

Wie gesagt, dies ist nur eine wirklich kleine Auswahl an gefährlichen Rheumamedikamenten.
Selbstverständlich gibt es aber auch segensreiche Medikamente, von denen ich auch schon Gebrauch machen musste. Und gerechterweise muss ich hinzufügen, dass die ohnehin schweren Nebenwirkungen von vielen Menschen durch unvernünftigen Gebrauch von Medikamenten, zum Beispiel durch Überdosierung, noch verschlimmert werden. Oft ist es auch pure Bequemlichkeit, die manchen statt zu alternativen Mitteln zur Pille greifen lassen.
Für mich war von Anfang an klar, dass in erster Linie ich selbst für meinen Körper und für meine Gesundheit verantwortlich bin. Ich

wollte mich nicht einfach den Ärzten überlassen, brav die Hand nach Pillen ausstrecken und dann die Hände in den Schoß legen und warten und hoffen, dass die Gesundheit sich einstellt. Ich wollte mein „Schicksal" selbst in die Hand nehmen und aktiv etwas für meinen Heilprozess tun. Ich denke, dass dieses Bewusstsein auch wichtig ist, damit man „durchhält", denn mit den alternativen Heilmethoden gibt es eine ganze Menge zu tun, und der Erfolg stellt sich nicht über Nacht ein.

Was meine Krankheit angeht, so war ich manchmal nahe daran aufzugeben. O Gott, war das ein mühsamer Kampf! Noch heute kommt mir alles wie ein böser Traum vor, wenn ich die letzten Jahre an meinem geistigen Auge vorüberziehen lasse, und ich spüre ein saures, quälendes Gefühl im Hals.

Wenn ich bei meinen Schilderungen ins Detail gehe, dann geschieht das auch, um zu beweisen, dass die Alternativmedizin, oft als zu lasch und unwirksam verlacht, auch in hartnäckigen Fällen zum Erfolg führen kann. Und ein hartnäckiger Fall war ich! Ich wurde nämlich in zweifacher Hinsicht heimgesucht. Denn zu meinem anfänglichen Weichteilrheuma gesellte sich später noch Gelenkrheuma hinzu.

Ich beabsichtige auch der „Deutschen Rheuma-Liga" beizutreten, obwohl ich wieder gesund geworden bin. Vielleicht kann ich dort meine Erfahrungen zum Nutzen anderer einbringen. Dort können selbstverständlich auch Gesunde Mitglied werden, um so die segensreiche Arbeit dieser Organisation zu unterstützen. Die Deutsche Rheuma-Liga ist eine Hilfs- und Selbsthilfe-Organisation. Sie hat in allen Bundesländern zahlreiche Beratungsstellen und Arbeitsgemeinschaften. Diese haben es sich zur Aufgabe gemacht, über Rheuma und Therapien aufzuklären, Hilfen zu geben bei allen Fragen der beruflichen und sozialen Eingliederung und die Eigeninitiative der Rheumakranken zu unterstützen. Die Anschrift der Deutschen Rheumaliga ist im Anhang aufgeführt.

Wenn ich das zur Zeit beliebte Schlagwort „Krankheit als Chance" einmal aufgreife, dann bedeutet das für mich, dass ich mit viel

Willenskraft und natürlich einigem Wissen ein gestecktes Ziel erreichen kann.
Ich möchte meine Erfahrungen aus Dankbarkeit weitergeben und hoffe, dass ich vielen Menschen damit Mut machen kann. Ich habe möglichst wenig medizinische Fachausdrücke benutzt, um auch denen zum besseren Verständnis zu verhelfen, die auf diesem Gebiet nicht so bewandert sind.

Wie meine Krankheit begann

Mit einer Fastenkur im März 1995 nahm meine Krankheit ihren Anfang. Ob das ein Zufall war, möchte ich dahingestellt sein lassen. Der Grund für das Fasten war der, dass ich mal so richtig entschlacken wollte. Aber in erster Linie wollte ich abnehmen, denn mein Süßigkeitskonsum blieb nicht ohne Folgen.

Ich habe die Vorschriften beim Fasten sehr genau eingehalten. Die vermeintlichen Folgen, die danach auftraten, können demnach nicht auf Fehler während des Fastens zurückgeführt werden.

Mein Freund Michael hat die Fastenkur aus Solidarität mitgemacht. Michael ist einer seiner vier Vornamen. Weil der Name „Egon" ein bisschen wie Sahnebonbon oder Himbeerlimonade klingt, was uns beiden nicht besonders gefällt, nannte ich ihn gleich von Anfang an Michael, und dabei bleibt es.

Ich habe Michael vorher zu unserem Hausarzt geschickt, obwohl er gar nicht wollte. Er sollte sich bei ihm wegen eventueller Risiken erkundigen. Der Arzt hatte keine Bedenken. Ich selbst sah keinen Grund, ihn aufzusuchen. Später erklärten mir mehrere Ärzte, dass ich die Fastenkur auf keinen Fall hätte machen dürfen, weil ich zu dieser Zeit eine starke Schilddrüsenüberfunktion hatte. Ich habe der Leiterin vor Beginn des Fastenseminars von meiner kranken Schilddrüse erzählt, aber sie meinte, das sei kein Hinderungsgrund. Wir fasteten nach der Methode Buchinger. Bei dieser Fastenform werden Kräutertees, Obst- und Gemüsesäfte, Gemüsebrühe und Mineralwasser getrunken, sonst nichts!

Alleine hätte ich nie fasten können, aber in der Gruppe war es für mich erträglicher, da konnte ich meine Ängste einigermaßen bezähmen ... Ja, ich hatte beim Fasten Ängste! Das Gefühl, nichts essen zu dürfen, war zeitweilig so beklemmend, dass ich am liebsten laut geschrien und wahllos in etwas hineingebissen hätte. Das ist allerdings nicht ungefährlich, wie jeder weiß, der sich etwas im Fasten auskennt. Meist sind mir Nougatstangen und Tortenstückchen vor meinem geistigen Auge umhergependelt. Ich konnte mir nur dadurch helfen, dass ich sie kurzentschlossen geistig verschlungen habe. Mit dieser Methode fiel mir das Fasten etwas leichter. Die Fastenkur dauerte eine Woche, und ich war heilfroh, als sie vorbei war. Vom Fasten bin ich jedenfalls für alle Zeiten kuriert. Ab und zu lege ich nun einen Obst- oder Reistag ein, das bekommt mir sehr gut.

Einige Tage nach der Fastenkur bemerkte ich eine seltsame, nie gekannte Steifheit, hauptsächlich im Rumpf, die mich ein bisschen verwunderte. Als nächstes bekam ich leichte Muskelschmerzen. Ich konnte mir das alles nicht erklären, ich war ratlos. Meine Schmerzen begannen an der Rückseite der Oberschenkel. Es war ein starker, brennender Schmerz, der sich besonders beim Hinsetzen und Aufstehen bemerkbar machte, immer wieder.

Warum die Schmerzen ausgerechnet an der Rückseite der Oberschenkel begannen, konnte mir vorerst kein Arzt erklären. Einer aber, der sich hauptsächlich mit Naturmedizin befasst, sagte mir später einmal, dass die Schmerzen, die als erste auftreten, erst ganz am Schluss wieder verschwinden würden. Es war tatsächlich so: Die Schmerzen, die an der Rückseite der Oberschenkel begonnen hatten, verschwanden erst ganz am Schluss, nach etwa zwei Jahren. Bis aber der letzte Schmerz von mir gewichen war, bin ich durch einen stickigen, trostlosen schwarzen Tunnel gekrochen und gestolpert.

Es muss so Mitte Mai 1995 gewesen sein, da ging ich zum ersten Mal zu einem Arzt. Es war ein Orthopäde, den ich durch die Behandlung meines Mannes kannte. Dass mit meinem Bewegungsapparat etwas nicht in Ordnung sein konnte, war durch meine Steifheit nicht schwer zu erraten, und für den Bewegungsapparat ist nun einmal der Orthopäde zuständig. Ich hatte damals die Hoffnung, dass ich vielleicht „nur" einen Zug bekommen hätte, was mir natürlich lieber gewesen wäre als die Diagnose „Rheuma".

Nachdem ich ihm einiges erklärt hatte, forderte er mich auf, mich nach vorn zu bücken. Das ging aber fast gar nicht, da war etwas wie eine Sperre. Ich habe mich sehr angestrengt, aber die Blockade blieb. Ich sehe noch heute, wie seine Augen immer größer wurden, so etwas hatte er wohl noch nicht gesehen. Auf meine Frage, was denn

mit mir los sei, zuckte der Orthopäde nur mit den Schultern und murmelte etwas Unverständliches vor sich hin. Er verordnete mir einige Stanger-Bäder, die mir aber gar nicht halfen.
Ein Stanger-Bad ist ein elektrisches Gleichstrom-Vollbad von 36 bis 37 Grad Celsius. Die Stromstärke kann reguliert werden, je nach Verträglichkeit. Obwohl mir versichert wurde, dass dabei nichts passieren kann, hatte ich doch große Angst.
Ich bin von Anfang an nie allein zu einem Arzt oder zu einer Behandlung gegangen. Michael war immer dabei. Ich wäre auch gar nicht dazu fähig gewesen, denn ich konnte etwa ab Juni 1995 nicht mehr selbst Auto fahren. Auch als Beifahrerin bin ich kaum mehr ins Fahrzeug gekommen. Wie ich auf den Sitz geklettert bin, weiß ich nicht. Ich müsste wohl eine Zeichnung machen, wenn ich es erklären wollte. Ohne Übertreibung kann ich sagen, dass ich dafür etwa eine halbe Minute gebraucht habe.
Außer meinem Gesicht und meinen Handinnenflächen tat mir ständig alles weh, auch im Ruhezustand. Wenn ich nachts vor Schmerzen aufwachte, konnte ich mich selbst nicht umdrehen. Ich musste Michael wecken, damit er mich auf die andere Seite drehte. Wenn ich morgens aufstehen wollte, gelang dies nur, wenn Michael mich an beiden Armen hochzog. Meine Beine konnte ich beim Aufstehen nicht anwinkeln, weil mir die Kniekehlen entsetzlich schmerzten. Aber mit gestreckten Beinen aufzustehen ist ja gar nicht so einfach. Ich konnte mich nicht einmal im Bett recken und strecken, was ja sehr wohltuend und gesund ist, und sogar das Gähnen fiel mir sehr schwer.
Die Schmerzen in den Kniekehlen fühlten sich an, als ob sich ein Stein darin befinden würde. Es war ein stumpfer, starker Druck. Auf die Knie oder in die Hocke zu gehen war fast nicht möglich, selbst beim langsamen Gehen hatte ich starke Schmerzen.
Meine Muskelschmerzen wurden von Tag zu Tag schlimmer. Die Schmerzen in allen Bändern und Sehnen waren ziehend, die Schmerzen an den Gelenken waren entzündhaft stechend. Mein Gesicht tat zwar nicht weh, aber durch die ständig erhöhte Temperatur

(zwischen 37,5 und 38,5 Grad Celsius) hatte ich den Eindruck, als ob meine Haut aufreißen würde. Ich habe das unangenehm brennende Gefühl schließlich mit Hautöl einigermaßen in den Griff bekommen, nachdem ich andere Mittel erfolglos ausprobiert hatte. Die Schmerzen kamen schleichend, und ehe ich mich versah, tat mir alles weh. Ich habe nicht genau registriert, was mir wann weh getan hat, zumal es ja das Typische am Rheuma ist, dass die Schmerzen mal hier und mal dort auftreten.
Und dann ging alles Schlag auf Schlag: Ich verlor innerhalb weniger Wochen zehn Kilo Gewicht, obwohl ich gegessen habe wie zuvor. Mein Appetit hatte zu dieser Zeit stark nachgelassen, jedoch habe ich mich zum Essen gezwungen, weil ich meinem Körper so viel Energie wie möglich zuführen wollte. Nachts bin ich regelmäßig alle zwei Stunden vor Schmerzen wach geworden. Morgens gegen fünf Uhr waren sie am stärksten. Ständig hatte ich erhöhte Temperatur. Ich habe mich so elend und schwach gefühlt, dass ich zeitweise kaum laufen konnte. Ich bin gekrochen wie eine Schnecke und habe dabei vor Anstrengung gekeucht. Bei unseren täglichen Spaziergängen habe ich mich fast verausgabt. Ich hatte dabei komischerweise das Gefühl, dass ich sehr schnell laufe, was aber gar nicht stimmte, denn ich sah, dass Michael ganz gemächlich neben mir her schlenderte.
Einmal mussten wir einen zufällig vorbeikommenden Autofahrer bitten, uns zu unserem Auto zu fahren, weil ich nicht mehr weiter konnte. Dabei war der Rückweg nur zwei Kilometer lang. Meine Verzweiflung wuchs von Tag zu Tag. Was war denn nur mit mir los? Ich hoffte inständig, dass sich mein Zustand von selbst bessern würde. Aber dem war leider nicht so.
Zu dem Orthopäden hatte ich kein Vertrauen mehr. Meine damalige Hausärztin, die mir immer sehr sympathisch gewesen ist, war damals selbst lange Zeit krank.
Ein Jahr zuvor, im Juli 1994, war ich bei einem Arzt wegen meiner kranken Schilddrüse gewesen. Er befasst sich mit Naturheilkunde, und seine Hauptgebiete sind Akupunktur und Homöopathie. Dieser

Arzt fiel mir jetzt wieder ein. Ende Mai 1995 fuhr ich voller Zuversicht zu ihm. Ich schilderte ihm meinen ganzen bejammernswerten Zustand und berichtete auch von meiner Fastenkur. Er meinte, dass ich eine „Nervenschwäche" hätte und gab mir ein homöopathisches Mittel (natrium chloratum), das mir sehr gut half. Ich fühlte mich nach der Einnahme nicht mehr so schwach und elend, es ging mir merklich besser. Die Muskelschmerzen und die anderen Symptome verschwanden allerdings nicht. Im Gegenteil, sie wurden noch schlimmer.

Nervenschwäche ist ein in der Medizin durchaus gängiger Begriff. Die Erklärung liegt im Wort: schwache Nerven. Bei mir machte es sich so bemerkbar, dass bei jeder sich bietenden Gelegenheit meine Tränen kullerten. Ich fühlte mich so schwach, dass ich befürchtete, jeden Augenblick mein letztes Quentchen Lebensenergie auszuhauchen. Ich hatte zum Beispiel nicht mehr die Kraft, eine Stufe hochzusteigen. Ich fühlte dabei deutlich, dass diese Kraftlosigkeit nicht körperlich, sondern psychisch bedingt war. Wenn man starke Schmerzen hat, wie das damals bei mir der Fall war, muss man nicht zwangsläufig kraftlos sein. Man kann trotzdem noch über ein gewisses Maß an Energie verfügen. Aber genau die hatte ich nicht mehr. Ich fühlte mich völlig energielos und sehr, sehr deprimiert.

Während meiner ganzen Krankheit, besonders am Anfang, war ich sehr lärmempfindlich. Ich musste größere Menschenansammlungen meiden, vor allem in geschlossenen Räumen.

Wieder fuhren wir zu unserem Naturarzt, wie ich ihn ab jetzt nennen möchte, damit es keine Verwechslungen gibt. Die Untersuchung verlief im Eiltempo. Genau genommen war es gar keine Untersuchung, denn er tippte mehrmals etwas in seinen Computer und es schien uns, als ob er diesen ziemlich ratlos anschaute. Ich fragte ihn, ob er nicht wenigstens einmal eine Blutsenkung machen wollte. Wir fanden es recht seltsam, dass *ich* ihn darum bitten musste. Eine Blutsenkung ist in allen Praxen so ziemlich das erste, was veranlasst wird. Das Ergebnis war niederschmetternd: 40/69 mm. In dieser Größenordnung bewegte sie sich fast ein halbes Jahr. Eine normale

Blutkörperchen-Senkungsgeschwindigkeit (BSG) beträgt bei Frauen 10/20 mm. Eine hohe Senkung deutet (unter anderem) auf eine Entzündung im Körper hin.
Was ist nun eine BSG? Blut besteht aus etwa 45 Prozent festen Bestandteilen, den Blutzellen. Der Rest ist Blutplasma, also flüssige Bestandteile. Wenn man Blut, das vorher ungerinnbar gemacht wurde, in einem dünnen Röhrchen eine Stunde lang stehenlässt, trennen sich Blutzellen und Blutplasma. Die schweren Blutzellen sinken nach unten. Bei Entzündungen im Körper fallen die Blutzellen schneller nach unten als im Normalfall. Je höher der BSG-Wert, desto wahrscheinlicher ist es, dass im Körper eine Entzündung besteht. In der Praxis sieht es so aus, dass der Wert zweimal an einer Skala des Röhrchens abgelesen wird, und zwar nach einer und nach einer zweiten Stunde, deshalb zwei Werte.
Im folgenden Halbjahr wurden etliche Blutsenkungen bei mir gemacht. Und jedes Mal konnte ich die zwei Stunden kaum abwarten, um in der Praxis die Ergebnisse abzufragen. Waren die zwei Stunden dann um, hatte ich Angst vor der Auskunft. Ich bat dann immer Michael, für mich anzurufen, was er stets bereitwillig tat. Ich saß neben ihm am Telefon wie ein Häufchen Elend, meine Nerven waren zum Zerreissen gespannt. Ich musste mich setzen, wenn ich auf die Auskunft wartete, weil mir die Knie vor Aufregung zitterten. Für meinen Naturarzt gab es keinen Zweifel mehr, dass es sich bei meiner Krankheit um einen ausgewachsenen Rheumaschub handelte, zumal der CRP-Wert ungewöhnlich, fast erschreckend hoch war, nämlich 75 – die obere Grenze liegt bei 10. CRP heisst C-reaktives Protein. Es ist ein Akute-Phase-Protein und wird bei den meisten entzündlichen Erkrankungen neu gebildet. Es ist im Serum nachweisbar, eben bei dem genannten CRP-Test.
Mein Blutbild war natürlich auch nicht in Ordnung, denn meine Leukozyten (weiße Blutkörperchen) waren erhöht. Der Rheumafaktor war bei mir nicht nachweisbar, aber das muss nicht bedeuten, dass man kein Rheuma hat. Als Rheumafaktor wird ein spezielles Eiweiss im Blut bezeichnet. Dieses wird vom Abwehrsystem als

Reaktion auf eine Entzündung gebildet. Oft lässt sich dieser Faktor erst nach Jahren nachweisen.
Bei mir handelte es sich offensichtlich um „Weichteilrheumatismus“. Außer den Muskeln können dabei auch Bänder, Sehnen und Schleimbeutel entzündet sein, was bei mir der Fall war. Jetzt wurde mir auch klar, warum mir die Kniekehlen so sehr weh taten, wenn ich sie anwinkelte, was ja bei vielen alltäglichen Bewegungen nicht zu vermeiden ist.
Nach einer erneuten Untersuchung bei meinem Naturarzt fiel zum wiederholten Male die Diagnose „Rheuma“. Ich hatte bis zu dieser Zeit das Wort Rheuma immer noch verdrängt, denn ich wollte einfach nicht wahrhaben, dass mich diese Krankheit erwischt hatte. Für mich waren es nur „Muskelschmerzen“, die hoffentlich bald wieder vergehen würden. Trotzdem, ob Rheuma oder „nur“ Muskelschmerzen, für mich stand fest, dass ich mich nur mit natürlichen Heilmitteln und alternativen Heilmethoden behandeln lassen würde. Ich wusste nicht nur durch das Kindheitserlebnis mit meiner Oma, die auch Rheuma hatte, und durch die Krankheiten meines Mannes, welche fatalen Folgen die Behandlung mit chemischen Medikamenten haben kann.

Es war einmal eine Großmutter ...

„Es war einmal eine Großmutter, die war sehr krank. Ihre Hände und Schultern taten ihr so weh, und ihre geschwollenen Knie konnten ihren von Schmerzen ausgemergelten Körper manchmal kaum tragen. Ja, das war eine schlimme Sache.
Aber die Großmutter hatte ein Enkelkind, ein kleines Mädchen mit hellen Haaren und flinken Beinchen, das der Großmutter oft bei der schweren Arbeit half, so gut es konnte. Das kleine Mädchen tröstete die Großmutter auch, wenn sie traurig war oder vor Schmerzen weinte ...“

So könnte ein Märchen beginnen, aber leider war es traurige Realität: Meine liebe Oma hat sehr unter Rheuma gelitten. Ich denke oft an sie, und dann sehe ich vor mir eine abgehärmte, frühzeitig gealterte Frau mit verweinten Augen.

Ich war 21 Jahre alt, als meine Oma starb, und so lange war sie wohl auch krank, wie mir gesagt wurde. Ich könnte die Tage beinahe zählen, an denen sie einigermaßen schmerzfrei war, und das waren für mich immer Feiertage – ich war überglücklich.
Wenn ich nachmittags schulfrei hatte, war ich damit beschäftigt, meine Oma zu umsorgen. So gut ich konnte, rieb ich sie dann mit „Analgit“ ein, mal auf den Handrücken, mal an der Schulter. Aber es half leider wenig. „Analgit“ war eine seit Jahrzehnten gebräuchliche Rheumasalbe, die den etwas älteren Rheumatikern sicher noch bekannt sein dürfte. Kürzlich erzählte mir ein Apotheker, dass diese Salbe noch bis Januar 1999 im Handel war. Weil sie aber unter anderem Kampfer enthielt, auf den viele Menschen allergisch reagieren, wird sie in dieser Zusammenstellung nicht mehr hergestellt.
Damals hatte die Medizin leider keine wirksamen Therapiemöglichkeiten gegen diese heimtückische Krankheit. Es war zum Beispiel auch noch wenig bekannt, wie wichtig die richtige Ernährung

für Rheumapatienten ist, obwohl es schon Ansätze dafür gab. Durch die unzähligen Schmerztabletten bekam meine Oma in späteren Jahren starke Magen- und Gallenbeschwerden, und am Ende ihres langen Leidensweges quälte sie ein schlimmer Hautausschlag, und die Haare fielen ihr büschelweise aus. Sie wurde nur 62 Jahre alt.
Dadurch, dass ich meine Oma viel umsorgte, war ich mehr ans Haus gebunden als meine Freundinnen, aber darüber war ich nicht etwa ärgerlich oder enttäuscht. Ich fand immer noch genügend Zeit zum Spielen und Herumtollen in der Natur, die mich schon immer begeisterte. Da ich gut in der Schule lernte, waren meine Hausaufgaben schnell gemacht, und ich gewann dadurch viel Zeit. Aber auch dann, wenn ich mit Freundinnen unterwegs war, weilten meine Gedanken oft bei meiner Oma.
Ich hatte, wie viele Kinder, eine ausgeprägte Vorstellungskraft. Dies führte dazu, dass ich manchmal fürchtete, meiner Oma könnte etwas zustoßen, während sie allein in der Wohnung war. Eine Begebenheit ist mir so deutlich in Erinnerung, als wäre es gestern gewesen:
Ich stand mit Romy, meiner besten Freundin, auf einer Brücke an der Unstrut, die durch meine geliebte Heimatstadt Sömmerda fließt. Plötzlich überkam mich die Furcht, meine Oma könnte in diesem Augenblick stolpern und zu Boden stürzen. Ich sah und hörte nichts mehr um mich herum, und wie selbstverständlich machte ich mit den Händen einige ruckartige Bewegungen nach vorn, als wenn ich sie auffangen wollte ...
Da riss mich unvermittelt die Stimme eines Jungen, der mit anderen am Flussufer spielte und mich beobachtet hatte, harsch aus meiner Phantasiewelt: „Guckt mal, die Dicke da will Fische fangen.“
Die „Dicke“, das war ich, und er hatte Recht mit der Bezeichnung, denn durch die vielen Hafermehlsuppen, die wir in der Nachkriegszeit oft zu essen bekamen, war ich keinesfalls mager.

Meine Oma hatte einen großen Bauerngarten, der gegenüber der historischen Stadtmauer lag, nicht weit von ihrem Haus. Ich half ihr gern bei der Gartenarbeit, denn es fiel ihr schwer, eine gefüllte Gießkanne

zu tragen, die schleppte ich dann für sie. Sie achtete dabei aber sehr darauf, dass ich die Kanne nur halb voll machte.
Einer der Höhepunkte im Jahr war, dass ich aus diesem Garten zu meinem Geburtstag, Ende Mai, die ersten roten Erdbeeren bekam, ich ganz allein. Meine Oma servierte mir diese Beeren auf einem kleinen Rharbarberblatt. Außerdem bekam ich noch einen Strauß roter Pfingstrosen von ihr, die heute noch zu meinen Lieblingsblumen zählen. Das dritte Geschenk aber war eine große Schüssel Eischnee, mit Kirschsaft gesüßt, den sie beim Bäcker schlagen ließ. Ja, so einfach war es damals, Kinder glücklich zu machen. Wir waren so bescheiden, und trotzdem war es schön.
Ich wohnte mit meinen Eltern in einer Werkswohnung, denn mein Vater war Einrichter und angehender Meister bei den Rheinmetall-Borsig-Werken, die damals Kriegsmaterial herstellten. Er wurde aber eingezogen und ist leider kurz vor Kriegsende gefallen. Unsere Wohnung war nur zwei Straßen weiter von der meiner Oma entfernt, und so kam es, dass ich viel Zeit bei ihr verbrachte.
„Es ist im Leben hässlich eingerichtet, dass bei den Rosen gleich die Dornen stehn.“ Diese kleine Lebensphilosophie hat sich bei meiner Oma einmal sprichwörtlich bewahrheitet: In ihrem Garten, der uns so viel Freude machte, standen auch etliche Rosenstöcke. Eines Tages, sie wollte einige der schönen Rosen abschneiden, hatte sich ein Dorn in ihren rechten Zeigefinger gebohrt. Durch irgendeinen Fehler musste dieser Finger bis auf ein Glied amputiert werden, was meine Oma verständlicherweise sehr aufregte.
Ich muss so zehn oder elf Jahre alt gewesen sein, als das passierte. Eines Tages kam ich mittags aus der Schule und ging zum Glück wie meistens erst zu meiner Oma. Sie saß am Küchentisch und versuchte mühsam Kartoffeln zu schälen, was ihr aber wegen des amputierten Fingers sehr schwer fiel, weil die Wunde noch nicht richtig verheilt war. Sie weinte und sagte sinngemäß zu mir, dass sie zu nichts mehr nütze sei, noch nicht einmal zum Kartoffelschälen tauge sie mehr ... Ob es denn nicht genug sei, dass sie fast ständig diese starken Schmerzen habe – jetzt sei sie auch noch verstümmelt ... So

redete sie mit mir, und dabei steigerte sie sich so in ihren Kummer hinein, dass sie immer lauter wurde und zum Schluss nur noch schrie.
„Was soll denn dieser Fingerstumpf, den hätten mir die Ärzte auch noch abschneiden können! Der ist doch eher noch hinderlich. Am besten wäre es, ich würde das selbst besorgen“, schrie sie und fuchtelte dabei mit dem Messer herum, das sie die ganze Zeit in der linken Hand hielt. Dabei versuchte sie, sich das restliche Fingerglied abzuschneiden.
Ich war entsetzt und stand wie gelähmt. Es gelang mir aber, ihr das Messer zu entreißen. Ich glaube, meine Stimme überschlug sich fast, als ich ihr zu erklären versuchte, dass viele Menschen im Krieg Arme und Beine verloren hätten, was ja noch viel schlimmer sei. Doch sie sah mich dabei so an, dass ich Angst bekam. Ich wusste nicht, was ich tun sollte. Mein Opa war weit draussen auf dem Feld, und in der Nachbarschaft waren die meisten bei der Arbeit.
Ohne richtig nachzudenken riss ich blitzschnell die Schublade aus dem Küchenschrank, in der Messer, Gabeln und Scheren untergebracht waren, warf das Messer, das ich immer noch krampfhaft in meiner Hand hielt, hinein und rannte wie von Furien gehetzt mit der Schublade unter dem Arm aus dem Haus.
Als ich atemlos bei meiner Mutter ankam, erzählte ich ihr, was vorgefallen war. Dann rannten wir schnell wieder zurück zur Oma. Die Tür hatte ich in der Aufregung zum Glück offen gelassen. Vielleicht habe ich sie aber auch instinktiv nicht zugemacht. Wir fanden sie, weinend wie ein kleines Kind, völlig zusammengekauert auf dem Sofa. Das Fingerglied, das zum Glück nur angeritzt war, hatte sie notdürftig mit einem Taschentuch umwickelt.
Rückblickend kann ich nicht sagen, ob mein Verhalten damals richtig war. Aber was hätte ich tun sollen? Ich konnte in der Aufregung keinen klaren Gedanken fassen und hatte große Angst. Wenn es in meiner Abwesenheit nun doch zu einer Kurzschlusshandlung bei meiner Oma gekommen wäre? Wie hätte ich das wohl verkraftet? – Ich weiß es nicht!

Dieses traurige Ereignis beweist, wie schlimm es um sie stand, wie sehr sie gelitten hat. Der amputierte Finger war bestimmt nur der berühmte letzte Tropfen, der das Fass zum Überlaufen gebracht hat. Es gibt bekanntlich unzählige Fälle von Freitod bei schmerzgeplagten Menschen.
Welche Form von Rheumatismus meine Oma hatte, wurde nie richtig geklärt. Wahrscheinlich wussten das die Ärzte damals selbst nicht, denn es hat immer nur geheißen, dass sie Rheuma hat – fertig! Aus meiner heutigen Sicht nehme ich an, dass es sich bei ihr um die Chronische Polyarthritis gehandelt hat, eine besonders gemeine Form von Rheuma.
Ich habe, außer manchmal bei der Krankengymnastik, fast nie laut gejammert, aber meine Oma hat sehr oft so laut geschrien und gestöhnt, dass man es noch etliche Häuser weit hören konnte. Leider hat es damals auch Menschen gegeben, die ihr gesagt haben, sie solle sich „zusammenreißen", es könne doch nicht so schlimm sein. Mich haben damals solche Bemerkungen befremdet und empört. Vielleicht war das einer der Gründe, warum ich versucht habe, meine Krankheit möglichst zu verbergen. Als mein Rheuma begann, war ich gerade mitten im Umzug begriffen, und da wollte ich der neuen Nachbarschaft keinen Anlass zum Gerede geben. Der Versuch, meine Krankheit zu „verstecken", hat aber nicht viel genützt, denn wildfremde Menschen haben mich auf der Straße angesprochen und gefragt, was denn mit mir los sei.
Ich werde wohl nie begreifen, wie meine Oma mich in ihrer schlechten körperlichen Verfassung unzählige Male des Nachts in den Luftschutzkeller gebracht hat. Wenn ich vor Müdigkeit neben ihr hertorkelte, trug sie mich meistens auf dem Arm.
O Gott, dieser furchtbare Krieg! Ich war drei Jahre alt, als er ausbrach. Es muss sehr heiß gewesen sein an jenem verhängnisvollen 1. September 1939, denn ich lief barfuß zu unserem Kaufmann. Eine Nachbarin kam mir aufgeregt entgegen und rief mir zu: „Sag mal deiner Oma, wir haben Krieg."
Die Liebe zu meiner Oma und die Sorge um ihr Wohlergehen ließen in mir den Wunsch aufkommen, einmal Krankenschwester zu wer-

den. Dieser Wunsch wurde immer stärker, besonders im letzten Schuljahr. Unterstützt wurde mein Vorhaben durch meine Tante Ida, die auch gelernte Krankenschwester ist.
Ich konnte es kaum erwarten, auf die Fachschule für Krankenpflege zu kommen, vorher musste ich jedoch erst ein Haushaltsjahr absolvieren. Ich konnte mir mein Betätigungsfeld aussuchen und entschied mich für das Krankenhaus in unserem kleinen Städtchen. Dort wurde ich zuerst in der Küche, dann in der Nähstube und zuletzt auf der Frauenstation eingesetzt. Der Zufall wollte es, dass ausgerechnet in dieser Zeit meine Oma auf dieser Station eingeliefert wurde. Für mich war das wie eine Bestätigung, auf dem richtigen Wege zu sein.
Nach Beendigung des Haushaltsjahres meldete ich mich bei der Schwesternschule an. Dort lebte ich im Schwesternwohnheim, von wo wir nur alle paar Wochen Heimfahrturlaub bekamen. Da mein Heimatort nur 25 Kilometer entfernt war, pendelte ich ziemlich oft nach Hause, so eben mal zwischendurch. Dort erwartete mich eine immer kränker werdende Oma, der ich beim besten Willen nicht helfen konnte.
Aus dieser lernintensiven und dennoch unbeschwerten Zeit ist mir meine Freundin Hannelore in lieber Erinnerung geblieben. Sie stammte aus Erfurt und war einige Jahre älter als ich. Nach dem Schulabschluss sahen wir uns noch einige Male wieder, bevor ich nach Westdeutschland ging. Hannelore hatte einen Volkspolizisten geheiratet, deswegen brach unser Kontakt ab, wie das damals in ähnlichen Fällen üblich war.
Nach dem Abschlussexamen wollte ich eigentlich nach Mecklenburg auf die Fachschule für Orthopädische Krankenpflege, aber das Schicksal führte mich nach Westdeutschland. Meine Oma redete mir nämlich immer wieder zu, in den Westen zu gehen, wo meine Mutter seit einigen Jahren lebte. Nicht etwa, dass meine Oma mich loswerden wollte – Gott bewahre –, aber sie meinte, dass es wohl bald vorbei sein würde mit dem unkomplizierten Reisen in den Westen. Außerdem würde es mir im Westen bestimmt in jeder Hin-

sicht besser gehen und das sei ihr sehr wichtig, betonte sie immer wieder.
Nun bin ich bestimmt nicht der Typ, der sich vom „Goldenen Westen" hat locken lassen. Aber ich hatte Sehnsucht nach meiner Mutter und wollte sie gerne einmal wiedersehen, und so gab ich schließlich nach. Wirklich schweren Herzens verabschiedete ich mich von meiner Oma und fuhr zu meiner Mutter ins Ruhrgebiet, wo ich dann auch blieb. Selbst wenn ich gewollt hätte, aber als „Republikflüchtling" traute ich mich nicht mehr in die ehemalige DDR zurück.
Dass meine Oma daheim nicht alleine war, bedeutete für mich nur einen schwachen Trost. Es gingen viele Briefe hin und her, die ich erst kürzlich vernichtet habe, weil ich überzeugt war, sterben zu müssen, und nicht wollte, dass fremde Menschen sie einmal lesen würden.
Ich glaube, ich habe es mir nie verziehen, dass ich mich damals von meiner Oma überreden ließ, von zu Hause fortzugehen. Vielleicht hat sie geahnt, dass sie nicht mehr lange zu leben hatte. Im Grunde hat sie es gut gemeint und auf mich verzichtet – völlig selbstlos. Sicher, ich hätte ihr nicht helfen können, weil es nach dem damaligen Stand der Wissenschaft nicht möglich war, aber ich wäre doch wenigstens bei ihr gewesen.
Neulich wurde mir im Zusammenhang mit meiner Oma die interessante Frage gestellt, ob ich die Theorie der „Übertragung nach Hellinger" kenne. Diese Theorie besagt, dass man stellvertretend für jemanden leiden und dessen Schmerzen auf sich nehmen will, aus welchen Gründen auch immer. Wie gesagt, ich habe es nie überwunden, von meiner Oma fortgegangen zu sein, und es ist seitdem kein Tag vergangen, an dem ich nicht an sie gedacht hätte. Wollte ich mich etwa dafür bestrafen, indem ich ihre Schmerzen auf mich genommen habe? Wollte ich vielleicht leiden, um etwas gutzumachen? Wirklich eine verblüffende Theorie.

Ein paar kleine Tricks

Meine Muskelschmerzen wurden noch schlimmer, und meine Steifheit hatte auch zugenommen. Die tägliche Körperpflege wurde für mich zu einem Problem. Ich konnte mich nicht mehr bücken, um meine Schuhe anzuziehen. Ich war nicht fähig, mich einigermaßen zu kämmen, geschweige denn meine Haare zu waschen. Ohne Hilfe bin ich nicht in die Badewanne gekommen. Vielleicht wäre ich noch hineingekommen, aber heraus auf keinen Fall.
Meine Schultern sahen aus wie ein Betonklotz, nicht eine Muskelfaser bewegte sich mehr. Wenn ich mich unter den Armen waschen wollte, habe ich den Waschlappen an einem Zipfel gepackt und mit Schwung unter die Achselhöhle geschleudert. Dasselbe machte ich dann mit der anderen Seite.
Etwas später kam ich zum Glück auf die Idee, einen Waschhandschuh über eine Stielbürste zu stülpen und mich damit unter den Armen zu waschen. Auf diese Weise konnte ich den Lappen wenigstens einseifen und kam noch in den Schulter-Nacken-Bereich, was ohne meine Konstruktion unmöglich war.
In dieser Zeit entwickelte ich einige Fertigkeiten, die sich sehen lassen konnten. Meine ständige „Begleiterin" war eine Spaghettizange, die ich dazu benutzte, alle möglichen Gegenstände oder Wäschestücke vom Fußboden aufzuheben. Manchmal habe ich mir die Zange mit einem S-Haken an einem Gürtel festgemacht, weil das verflixte Ding oft nicht zur Stelle war, wenn ich es dringend brauchte. Noch besser war, sie direkt am Gürtel oder Schürzenband anzuhängen.
Unser Haushalt war in dieser Zeit ziemlich heruntergekommen. Ein Zimmer zu putzen war für mich ein anstrengendes und tagesfüllendes Programm, und hinterher sah es nicht viel sauberer aus als vorher. Mir war das aber herzlich gleichgültig, denn meine ganze Sorge galt meiner Gesundheit.
Wäsche aufhängen, was ich sonst so gern machte, war eine absolute Schinderei, weil ich die Arme kaum bis in Stirnhöhe heben konnte. Da

kam ich auf die Idee, mir unter die Wäscheleine eine Fußbank unterzustellen, und schon ging es etwas besser. Ich musste die Wäschestücke trotzdem noch nach oben schleudern und dabei vor allen Dingen aufpassen, nicht mitsamt der Fußbank umzukippen. Die großen Wäschestücke hat mir Michael aufgehängt. Ich wollte aber auch etwas tun, damit ich nicht noch steifer würde, deshalb hängte ich die kleinen Wäschestücke selbst auf. Einen Wäschekorb konnte ich zu der Zeit nicht mehr tragen, ich habe ihn an einem Strick hinter mir hergezogen. So habe ich es mit anderen schweren Gegenständen auch gemacht.
Die Badewanne putzen – o je, was für eine Pfuscherei! Die dem Körper zugewandte Seite wurde ja noch einigermaßen sauber; aber die gegenüber liegende Seite – der reinste Schmier ...
Als ich mich einige Wochen damit abgequält hatte, fiel mein Blick zufällig auf meine Stielbürste, mit der ich mir in gesunden Tagen immer meinen Rücken abgeschrubbt habe. Diese Bürste habe ich kurzentschlossen zum Wannenreiniger umfunktioniert, sie war buchstäblich mein verlängerter Arm. Ich streute Scheuerpulver darauf, und es klappte tatsächlich prima. Es war längst nicht mehr so anstrengend, und die Wanne wurde wieder sauber. Warum war ich nur nicht gleich auf diese Idee gekommen?
Meine Gedanken waren in dieser schweren Zeit sehr träge. Oft konnte ich nicht von 12 Uhr bis Mittag denken. Michael hat mir schon viele Arbeiten abgenommen, aber ich wollte ihm nicht alles aufhalsen. Er hat mir so leid getan, wirklich.
„Wenn das so weitergeht", sagte ich manchmal zu ihm, „dann müssen wir uns doch eine Putzfrau nehmen."
Da ich gern lese und in dieser schweren Zeit vor allen Dingen medizinische Bücher verschlungen habe, ließ ich mir etwas einfallen, was mir das Lesen erleichterte: Wir kauften einen Notenständer, auf den ich das Buch legte, stellte ihn vor meinen Stuhl und siehe da, das Lesen klappte sehr gut. Mein Nacken wurde spürbar entlastet, und ich brauchte meine Hände nur noch zum Umblättern.
Heute benutze ich den Notenständer nicht mehr, aber ich habe zufällig ein anderes kleines Hilfsmittel entdeckt: Michael, das Allround-

talent, hatte mir einen Schreibtisch gebaut. Eines Tages saß ich mit einem besonders dicken Wälzer davor, den ich krampfhaft mit beiden Händen halten musste. Wieder einmal zufällig fiel mein Blick auf meinen grünen Locher, und als wäre es die selbstverständlichste Sache der Welt, legte ich das Buch auf die schräge Fläche des Lochergriffs. Es war eine richtige Blitzidee, so wie ich sie öfter habe. Damit das Buch nicht abrutscht (es kommt auf die Unterlage an), lege ich ein kleines Frotteehandtuch unter Locher und Buch.
Mit diesen kleinen Tricks wollte ich mich aber nicht zufriedengeben: Ich wollte mehr, ich wollte gesund werden!

Die Lebenskrise

Als Folge einer Lebenskrise und durch andere negative Einflüsse bekam ich im Frühjahr 1995 einen sehr schweren Rheumaschub, der sich etwa zwei Jahre hinzog. Möglicherweise wäre diese Krankheit bei mir unter besseren Lebensbedingungen nicht ausgebrochen, denn große Aufregungen und Kummer bilden einen idealen Nährboden für Krankheiten aller Art. So ist es nach Meinung der Ärzte auch bei mir gewesen:
Im Frühjahr 1989 starb mein Mann, den ich 15 Jahre lang gepflegt hatte. Unter diesem Verlust habe ich sehr gelitten. Ende 1993 starben meine beiden Katzen, die viele Jahre bei mir lebten, und zwar kurz nacheinander. Ich war wie von Sinnen und habe total überreagiert. Sie waren schon immer sehr anhänglich, aber nach dem Tode meines Mannes waren sie noch anhänglicher geworden, so schien es mir jedenfalls. Wenn ich traurig war, versuchten sie mich zu trösten. Manchmal sprangen sie mir auf den Schoß und tapsten mit eingezogenen Krallen über meine Wangen, so wie es auch Menschen tun, wenn sie trösten wollen.
Weil ich ihren Tod nicht akzeptieren konnte, wollte ich die zuerst gestorbene Katze, Minka, präparieren lassen. Auf die Idee brachte mich eine gute Bekannte, die ihren toten Hund auch auf diese Weise „am Leben erhalten“ wollte. Ich hängte mich also ans Telefon und rief einen Tierpräparator an.
„Sie müssen aber sofort kommen“, sagte er. „Es soll so wenig Zeit wie möglich vergehen.“
„Wir beeilen uns!“, brüllte ich vor Aufregung in den Hörer und legte auf.
Michael versuchte, mir diesen Blödsinn, wie er es nannte, auszureden, aber ich war wie besessen. Ich glaube, ich hätte ihn aus dem Anzug gestoßen, wenn er mich damals daran gehindert hätte, mit der toten Katze zum Tierpräparator zu fahren.
Es vergingen keine acht Tage, da bereute ich mein Vorhaben schon, aber da war Minka bereits „in Arbeit“. Mir grauste es vor dem „Wie-

dersehen". Und als wir sie dann abholten, ist es mir vor Aufregung richtig schlecht geworden. Michael hat die Katze in ihren alten Korb gepackt, zugedeckt und einstweilen auf den Dachboden gestellt.
Es hat schätzungsweise vier Wochen gedauert, bis ich mich überwinden konnte, sie mir zum ersten Mal anzusehen. Ich klammerte mich dabei an Michael, habe geschluchzt und meinte, gleich umzukippen. Der Anblick war noch toter als tot. Freunde, die von der Angelegenheit erfuhren, gaben uns den Rat, den präparierten Körper zu begraben, und das habe ich auch eingesehen. Ich wollte, dass meine Katze ihren Frieden findet. Ich hatte das Gefühl, etwas ganz Schreckliches getan zu haben. Nach der Beerdigungszeremonie war ich dann auch total erleichtert.
Noch während Minka beim Präparator war, wurde die andere Katze, Morle, krank und starb. Morle musste eingeschläfert werden, obwohl wir und der Arzt alles für ihn taten. Dass auch Tiere trauern, kann niemand bestreiten, der selbst je mit Tieren zu tun hatte. Der Arzt und auch wir glaubten ganz fest, dass Morle ohne seine Minka nicht mehr leben wollte. Überflüssig zu sagen, dass ich den Unfug mit der Präparierung nicht wiederholte.
Das ganze Drama hat sich über viele Wochen hingezogen, zuerst die Krankheit von Minka, dann ihr qualvolles Sterben. Ich saß wochenlang mit verquollenen Augen beim Frühstück und konnte kaum etwas essen. Das alles ist mir im wahrsten Sinne des Wortes „an die Nieren" gegangen, denn ich bekam eine Nierenentzündung.
Während ich krank im Bett lag, wartete ich auf einen Anruf meiner Mutter, die damals 300 Kilometer von uns entfernt wohnte. Sie hatte mich immer ziemlich regelmäßig, einmal wöchentlich, von einer Telefonzelle aus angerufen, weil sie kein eigenes Telefon besaß. Michael und ich hatten ihr einmal einen Antrag für ein Telefon zugeschickt, aber sie hatte sich hartnäckig geweigert, ein Telefon anzuschaffen. Wir wollten ihr das Telefon mit allem Drum und Dran sogar schenken, aber sie hat den Antrag nicht unterschrieben. Wir waren darüber enttäuscht und ratlos. Was hätten wir noch tun können, ohne ihre Zustimmung hätte kein Installateur ihre Wohnung betreten.

Während meiner Nierenentzündung blieb der gewohnte Anruf aus. Ich hätte gern bei ihr angerufen, aber das war ja nicht möglich. Meine Unruhe wuchs von Tag zu Tag. Schließlich entschloss ich mich, bei einer Nachbarin meiner Mutter anzurufen, aber auch dort meldete sich niemand. Schließlich erhielt ich die schreckliche Nachricht, dass meine Mutter an Herzversagen gestorben war. Ich bekam daraufhin einen Rückfall, meine noch nicht ganz auskurierte Nierenentzündung flackerte wieder auf.
Bei der Trauerfeier, die an ihrem damaligen Wohnort stattfand, erfuhr ich, dass ihre Nachbarin zur fraglichen Zeit für mehrere Wochen verreist gewesen war. Das war der Grund, warum ich sie telefonisch nicht erreicht hatte. Da meine Mutter allein lebte, wurde sie nach ihrem Tode nicht sofort entdeckt, deshalb musste sie verständlicherweise eingeäschert werden. Allein diese Tatsache war für mich schrecklich. Ich habe die Urne an meinen damaligen Wohnort überführen lassen. Und damit begann das nächste Fiasko.
Als die Urne in Gründau, meinem damaligen Wohnort, nicht auftauchte, riefen wir mehrmals bei dem zuständigen Bestatter an. Es meldete sich aber niemand, und der Anrufbeantworter war, falls er überhaupt einen besaß, nicht eingeschaltet.
Da kam uns die Idee, in Frankfurt bei der Friedhofsverwaltung anzurufen, weil wir dem Bestatter gesagt hatten, dass Gründau etwa 50 Kilometer von Frankfurt entfernt sei.
Er war mit der Urne offenbar tatsächlich nach Frankfurt gefahren, wie wir später erfuhren. Dort wurde er mit der Urne jedoch wieder fortgeschickt.
Wir kamen dann auf die Idee, einmal in Büdingen anzurufen, einer kleinen Stadt in unserer Nähe. Dort fand sich die Urne schließlich, Gott sei Dank! Warum sie dort angenommen und aufbewahrt wurde, ist uns bis heute ein Rätsel. Denn der Ort Büdingen wurde mit Sicherheit bei dem Bestatter niemals erwähnt. Im Zweifelsfall hätte er doch noch einmal mit uns telefonieren können! Für mich waren das große Aufregungen! Manchmal wusste ich nicht mehr aus noch ein, ich war nur noch verzweifelt.

Den Tod meiner Mutter habe ich lange nicht verkraftet, ich fühlte mich elend und ausgelaugt. Das Tragische an der Situation war, dass wir zu Lebzeiten meiner Mutter beschlossen hatten, sie zu uns ins Haus zu nehmen. Michael hatte deshalb in der Dachgeschosswohnung zusätzlich eine kleine Küche eingebaut. Durch den Tod meiner Katzen und meine Nierenentzündung war das Thema dann in den Hintergrund getreten. Dazu kam, dass meine Mutter anscheinend selbst nicht genau wusste, was sie eigentlich wollte. Das habe ich aus ihren Bemerkungen manchmal herausgehört. Anscheinend fiel es ihr nicht leicht, aus ihrer vertrauten Umgebung fortzugehen, in der sie fast 40 Jahre gelebt hatte.
Ich habe mich später einmal mit einer Psychologin über meine Mutter unterhalten. Sie gab mir zu bedenken, dass es mich wahrscheinlich noch schlimmer getroffen hätte, wenn meine Mutter kurz nach dem Umzug bei mir gestorben wäre. Dieser Gedanke ist mir natürlich auch schon durch den Kopf gegangen.
Bei einem Besuch meinte mein Naturarzt, dass ich meine Probleme lösen solle, dann könnten auch die Schmerzen verschwinden. Über diese Bemerkung habe ich mich sehr geärgert. So schlau bin ich auch, dass Probleme krank machen können. Er verschrieb mir ein homöopathisches Mittel gegen meine Schmerzen, aber ich konnte keine Besserung feststellen. Ich war zu jener Zeit sehr ungeduldig, gereizt und nervös. Vielleicht hätte ich dieses Mittel längere Zeit einnehmen oder ein anderes ausprobieren sollen, denn nicht jedes homöopathische Mittel ist für jeden geeignet. Vielleicht war es auch für mich nicht das richtige Mittel, denn in der Homöopathie ist oft ein Suchen und Testen nötig.
Meine augenblicklichen Probleme, für die der Naturarzt keinen Rat wusste (wie sollte er auch), sahen so aus:
Ich hatte die Absicht, mein Haus zu verkaufen, in dem ich über 20 Jahre gelebt hatte. Wir hatten deshalb mehrere Makler mit dem Verkauf beauftragt. Der Verkauf erwies sich jedoch als schwierig. Es hat fast ein Jahr gedauert, bis ich es los war. Es lag wohl daran, dass es ein älteres Haus war und ziemlich abseits lag.

Was wir in dieser Zeit an Widerwärtigkeiten mit einigen Maklern und Kaufinteressenten erlebt haben, möchte ich an einem Beispiel kurz erzählen:
Ein Makler kam ins Haus, um es zu begutachten. Nach dem Rundgang meinte er wörtlich, dass ich froh sein könnte, wenn ich „den alten Schuppen“ los würde, zumal das Dorf „am Ende der Welt“ liege. Für „Ende der Welt“ benutzte er einen Ausdruck, den ich hier nicht wiedergeben möchte. Während er uns „diese rosigen Aussichten“ schilderte, habe ich vor Wut und Aufregung eine ganze Tafel Schokolade verputzt.
Die Behandlung durch den Makler hat mich derart aufgeregt, dass ich gleich nachdem er gegangen war, starke Schmerzen am Hinterkopf bekam. Diese Hinterkopfneuralgie blieb mir noch ganze drei Monate erhalten, zusätzlich zu meinen Rheumaschmerzen.
Anfang Juli 1995 bin ich aus meinem Haus ausgezogen, obwohl es noch nicht verkauft war, aber ich konnte die laufenden Besichtigungen nicht mehr ertragen. Es musste ja vorher immer geputzt werden, was mir zu dieser Zeit schon recht schwer fiel. Außerdem tat es sehr weh, wenn Kaufinteressenten durch das Haus liefen und es schlechtmachten, um den Preis zu drücken.
Wir sind damals in Michaels Haus gezogen, das etwa 12 Kilometer entfernt in einem anderen Dorf steht. In der Nachbarschaft unseres jetzigen Domizils leben etliche Katzen, die uns häufig besuchen. Besonders auf unsere Hoollywoodschaukel, die auf der schönen, großen Terrasse steht, haben sie es nachts abgesehen. Zwei sind dabei, die unseren verstorbenen Katzen sehr ähnlich sehen. Selbstverständlich werden alle Katzen von uns gefüttert, und wenn unsere Nachbarn im Urlaub sind, versorgen wir ihre „Haustiger“.

Auf der Suche nach alternativen Heilmethoden

Als mir mein Naturarzt die Diagnose Rheuma mitteilte, war ich sehr deprimiert. Ich wusste ja nur zu gut, was das bedeutete. Ich fühlte mich, als würde mich eine unsichtbare Macht zusammenpressen. Natürlich wusste ich, wie gering die Heilungschancen bei dieser heimtückischen Krankheit sind. Trotzdem wollte ich mich nicht unterkriegen lassen und mit aller Kraft dagegen ankämpfen. Ich wusste nur nicht genau, wie ich das anstellen sollte, denn in meiner Panik schwirrten in meinem Kopf alle Gedanken kreuz und quer durcheinander.
Für mich kam nur die Behandlung mit alternativen Therapien infrage. Allerdings braucht man bei diesen Behandlungen viel Kraft, Zeit und Geduld. Ich hoffte, dass die Zähigkeit und Ausdauer, die ich von meinem Vater geerbt hatte, mir dabei helfen würden.
Schmerzmittel oder Cortison kam für mich wegen der Nebenwirkungen überhaupt nicht infrage. Das typische Mondgesicht, das man meistens bei längerer Behandlung mit Cortison bekommt, ist „nur" ein kosmetisches Problem, das aber auch erwähnt werden sollte. Viel schlimmer sind die anderen Nebenwirkungen, die auftreten können, wie: Sehstörungen, Knochenentkalkung, erhöhter Blutdruck, Schlafstörungen und Depressionen. Cortison ist ein Hormon der Nebennierenrinde. Es ist kein Schmerzmittel, sondern eine entzündungshemmende Substanz. Nur wenn kein anderes Medikament zu helfen scheint, wird ein erfahrener Arzt zur Cortisonbehandlung raten. Bei einem akuten Rheumaschub kann diese Therapie sinnvoll sein, sie sollte jedoch nur für kurze Zeit angewendet werden.
Als Krankenschwester hatte ich früher schon mit Rheumapatienten zu tun. Ich erinnere mich besonders an eine junge Frau, etwa Mitte dreißig. Als sie auf unsere Station eingeliefert wurde, tobte sie vor Schmerzen. Sie hatte alle klassischen Symptome einer Polyarthritis: rote, geschwollene, steife Gelenke, hohe Temperatur und

Schweißausbrüche. Sie konnte nicht laufen und musste auf einer fahrbaren Trage ins Zimmer gebracht und behutsam ins Bett gelegt werden. Natürlich bekam sie Medikamente, und wir Schwestern hatten alle Hände voll zu tun, um ihr durch Auflegen von Eisbeuteln etwas Linderung zu verschaffen.
Beim Ausbruch meiner Krankheit kam mir auch die Erinnerung an meine unglückliche Oma wieder verstärkt ins Bewusstsein, und ich wehrte mich innerlich noch mehr gegen dieses Leiden. Nein, und nochmal nein, ich wollte nicht so enden wie sie!

Die Ölspülung

Zum Glück erinnerte ich mich an eine Heilmethode, die aus der russischen Volksmedizin stammt und dort seit sehr vielen Jahren angewandt wird.
Im Herbst 1994 bekam ich zufällig einen älteren Mitgliederbrief von „Natur und Medizin“ in die Hände. In diesem stand ein Artikel über die Heilung mit Sonnenblumenöl, geschrieben von einem gewissen Dr. F. Karach. Das war das erste Mal, dass ich von dieser alternativen Heilmethode gehört habe.
Die Ölspülungen, wie diese Maßnahme auch genannt wird, sind verblüffend einfach in der Anwendung, aber deshalb nicht weniger effektvoll. Das Prinzip dabei ist, den Körper von Schlacken zu befreien. Die Therapie soll heilend wirken bei verschiedenen Rheumaformen, aber auch bei vielen anderen Krankheiten. Ölspülungen heilen den ganzen Organismus, sie dienen aber auch der Vorbeugung. Die eigentliche Heilung vollzieht sich während des Ölschlürfens. Das Wirkungsprinzip ist dabei die Entgiftung des Körpers, die ja bei Gesunden und erst recht bei Kranken ungemein wichtig ist. Bei dieser unschädlichen biologischen Methode wickelt sich der Stoffwechsel verstärkt ab, so kann ein dauerhafter Gesundheitszustand erreicht werden.
Ich probierte diese Therapie damals sofort wegen meiner kranken Schilddrüse aus. Ich machte anfangs jedoch bei der Durchführung einiges falsch. Meine Fehler kann ich zum Schluss des Kapitels besser beschreiben, wenn ich den Vorgang erklärt habe, wie er richtig gemacht wird.

Als sich im Frühjahr 1995 meine Muskelschmerzen bemerkbar machten, erinnerte ich mich wieder an die Ölspülungen. Ich habe mich nicht lange besonnen und auch niemanden um Rat gefragt. Wen hätte ich auch fragen sollen? Die meisten Ärzte reagieren auf die Erwähnung dieser Heilweise mit einem mitleidigen Lächeln. Ich hatte das untrügliche Gefühl, dass diese Therapie mir helfen würde.

Nun wurden die Ölspülungen wieder regelmäßig durchgeführt, diesmal aber richtig.
Ich nahm einen Esslöffel voll Sonnenblumenöl in den Mund, und zwar morgens vor dem Frühstück, denn es ist sehr wichtig, vorher nichts zu essen und zu trinken. Das Öl wird kräftig durch die Zähne gezogen, mit der Zunge gegen den Gaumen gerieben und immer wieder im Mund hin und her bewegt. Das mache ich etwa 15 bis 20 Minuten, bis das Öl ganz weiß und dünnflüssig geworden ist. Danach wird es ausgespuckt, denn es darf auf keinen Fall geschluckt werden. Der Mund wird danach gründlich mit sehr warmem Wasser ausgespült, die Zähne mit einer Zahnbürste gereinigt. Ich benutze dafür einen Extra-Becher und eine Extra-Zahnbürste.
Ich verwende nur hochwertiges, kaltgepresstes Sonnenblumenöl aus biologischem Anbau. Manche nehmen auch anderes Öl, Sesam- oder Olivenöl, aber ich bleibe bei Sonnenblumenöl, schon weil es der Tradition entspricht. Andere nehmen auch billiges, minderwertiges Öl, weil sie glauben, dass es für diesen Zweck „gut genug" sei. Ich finde das absurd, denn ich kann doch nicht einerseits dem Körper Gift entziehen wollen, andererseits aber schadstoffbelastetes, unter Anwendung von Chemikalien gewonnenes Öl in den Mund nehmen. Die Schadstoffe können über die Mundschleimhaut in den Körper eingeschleust werden.
Untersuchungen haben ergeben, dass dieses „so bearbeitete", ausgespuckte Öl sehr giftig ist, deshalb sollte das Waschbecken danach gründlich gereinigt werden. Weil ich es einfacher und hygienischer finde, spucke ich das Öl zum Schluss in die Toilette.
In den ersten Wochen „schmeckte" das Öl am Ende des Spülvorgangs sehr bitter. Für mich war dies ein Beweis, dass ich viele Schadstoffe in meinem Körper hatte. Inzwischen ist der Geschmack eher neutral. Wenn ich mich jedoch einmal über irgendwas sehr aufgeregt habe, ist am nächsten Morgen der Geschmack des Öls nach dem Spülvorgang wieder bitter. Das überrascht mich immer wieder, aber ich sehe darin ein Zeichen, dass die Ölspülmethode wirklich funktioniert.

Um den Heilungsprozess zu beschleunigen, kann der Spülvorgang dreimal täglich, und zwar stets vor dem Essen, wiederholt werden. Mancher findet diese Ölspülungen zeitraubend. Ich empfinde das gar nicht so. Ich nutze morgens die Zeit zum Waschen oder Duschen und zum Anziehen. Das Ölschlürfen, wie manche es auch nennen, erfolgt dann automatisch nebenbei. Ich habe bei den Ölspülungen ein gutes Gefühl und bin überzeugt von dem, was dabei im Körper abläuft.

Die „dritten Zähne" sollten während der Ölspülung unbedingt herausgenommen werden, damit der Gaumen frei ist, das ist auf jeden Fall besser.
Vielleicht haben manche schon festgestellt, dass sich der Gaumen am Morgen etwas „schmierig" anfühlt. Das sind Schlackenstoffe, die sich nachts abgelagert haben. Nach der Ölspülung ist der schmierige Belag verschwunden.
Die Haut ist bekanntlich unter anderem ein Ausscheidungsorgan, und die Schleimhaut im Mund in besonderem Maße. Der Ausscheidungsprozess wird durch die Ölspülungen angeregt und unterstützt. Damit wird auch verständlich, warum das Öl am Ende des Spülvorgangs so viele Schadstoffe enthält.
Es gibt vielerlei Erklärungsversuche für den Erfolg der Ölspülungen. Ich vergleiche die Ölspülungen mit dem Vorgang des Abschminkens, der mit einer fetthaltigen Creme oder einem Öl auch leichter geht.
Es heißt, dass der Körper so zur Selbstheilung angeregt wird. Wie das geschieht und was sich dabei im Einzelnen in den Zellen und im Gewebe abspielt, kann ich beim besten Willen nicht erklären, weil ich kein Biochemiker bin.
Schwere Krankheiten brauchen lange Zeit, um geheilt zu werden, auch die Ölspülungen können keine Wunder vollbringen. Deshalb konnte ich auch nicht von heute auf morgen eine Besserung feststellen, auch wenn ich es gern gehabt hätte. Letzten Endes bin ich aber doch gesund geworden, und dazu haben die Ölspülungen einen großen Teil beigetragen, darauf könnte ich schwören.

Natürlich gibt es auch Menschen, die negative Erfahrungen mit Ölspülungen gemacht haben. Möglicherweise haben sie nicht genügend Geduld gehabt oder bei der Durchführung Fehler gemacht, so wie es mir anfangs auch ergangen ist. Ich habe zum Beispiel nicht lange genug mit dem Öl gespült. Es war zum Schluss nicht so weiß, wie es sein sollte, deshalb konnte keine optimale Wirkung erzielt werden. Außerdem habe ich mit dem Öl gegurgelt, weil mir das einmal jemand geraten hat. Das Gurgeln mit dem Öl war sehr unangenehm, außerdem hat mir ein Arzt davon abgeraten. Ein weiterer Fehler war, dass ich meine alltägliche Zahnbürste benutzt habe, um nach dem Spülen meine Zähne zu bürsten. Hinterher war es sehr lästig, die Zahnbürste gründlich zu reinigen. Mit meiner „Sonderzahnbürste" habe ich es jetzt einfacher, denn sie wird nach zweiwöchiger Spülzeit entsorgt.
Als ich so etwa vier Wochen lang die Ölspülungen durchgeführt hatte, schien sich mein rheumatischer Zustand zu verschlimmern. In dem bereits erwähnten Referat von Dr. Karach stand zu lesen, dass sich anfangs eine scheinbare Verschlechterung bemerkbar machen könnte. Dies sei jedoch eine positive Reaktion des Körpers auf das jeweilige Mittel. Deshalb sei das kein Grund, mit der Behandlung aufzuhören, im Gegenteil. Weiter heißt es dort, dass am Anfang eine scheinbare Verschlechterung des Gesundheitszustandes bei Patienten auftreten kann, die gleichzeitig an mehreren Krankheiten leiden, was bei mir ja der Fall war, denn ich hatte damals noch eine starke Schilddrüsenüberfunktion mit einhergehender Entzündung. „Hyperthyreotische Entgleisung" nannte das mein Naturarzt. Er wollte mir die Ölspülung ausreden, weil er meinte, dass diese nicht gut für mich sei; schließlich hätte sich mein rheumatischer Zustand erkennbar verschlechtert.
Ich habe mich aber nicht beirren lassen und habe weitergemacht mit der Ölspülung, weil ich an den Erfolg glaubte. Zwar habe ich sie kurzfristig etwas reduziert – statt dreimal nur einmal täglich – aber ich habe sie nicht abgebrochen.
Wie heißt es doch so schön: Glauben heißt nicht wissen. Deshalb kann ich diesen Glauben, dieses überzeugende Gefühl auch nicht

beschreiben und schon gar nicht begründen. Inzwischen bin ich mit dem „Ölen“ so geübt, dass ich dabei sogar verständlich sprechen kann, ohne dass mir dabei das Öl aus dem Mund läuft.
Ich bin sehr dankbar, dass ich von der Möglichkeit der Ölspülungen erfahren durfte. Als nämlich mein Rheuma von August bis November 1995 in der schlechtesten Phase war, hatte ich sehr oft das Gefühl, sterben zu müssen. In dieser Zeit habe ich die Ölspülungen besonders intensiv gemacht, und ich bin davon überzeugt, dass mir dadurch das Leben gerettet wurde. Ich weiß, das sind große Worte, die ich natürlich nicht beweisen kann. Es liegt mir auch vollkommen fern, damit bei anderen Menschen falsche Hoffnungen zu wecken; aber ich kann es nicht anders sagen.
Dies war meine erste alternative Behandlung gegen mein Rheuma. Meine täglichen Ölspülungen sind mir richtig zur Gewohnheit geworden, und nach etwa einem Jahr „Praxis“ machte ich eine höchst verblüffende Feststellung: Mein Knoten in der Schilddrüse, zweieinhalb Zentimeter groß und immer gut tastbar, war nicht mehr zu fühlen. Zuerst habe ich gar nicht richtig registriert, was da eigentlich los war. Ich hatte nur das unbestimmte Gefühl, dass da am Hals etwas anders war. Ich fühlte und tastete so lange, bis mir schließlich bewusst wurde, dass der Knoten, der 1982 entdeckt wurde, anscheinend verschwunden war.
Ich war vor Freude außer mir. Natürlich rannte ich sofort zu zwei Ärzten, die mir tatsächlich bestätigten, dass mein Knoten nicht mehr tastbar war. Sicherheitshalber ließ ich meine Schilddrüse noch durch Ultraschall untersuchen. Und tatsächlich! Der genannte Knoten (vorher zweieinhalb Zentimeter), war nur noch einen halben Zentimeter groß. Wenn das kein Erfolg ist! Ich hoffe, dass ich den kleinen Rest auch noch „wegspüle“. Weil sehr viele Menschen an erkrankter Schilddrüse leiden, wollte ich Ihnen dieses Erfolgserlebnis nicht vorenthalten.
Noch eine kleine „Nebenwirkung“, die ich nicht verschweigen möchte, haben mir die Ölspülungen gebracht: Früher litt ich an Zahnstein, den ich zweimal im Jahr entfernen lassen musste. Seit ich

die Ölspülungen mache, habe ich kaum noch Zahnstein. Bei intensiven Ölspülungen setzt sich überhaupt keiner an. Ein Zahnarzt, der für Naturheilkunde sehr offen ist, führt das Fehlen von Zahnstein auch auf die Ölspülungen zurück.
Die Ölspülungen wirken auch schleimlösend. Wenn es manchmal nachher mit dem Schleimabhusten nicht so ganz gelingt, beuge ich meinen Oberkörper so weit wie möglich nach vorn, und das Abhusten klappt prima.
Seit über einem Jahr mache ich die Ölspülungen nicht mehr täglich, sondern im zweiwöchigen Rhythmus, und zwar deshalb, weil ich wieder gesund bin. Ich mache sie jetzt nur noch bei abnehmendem Mond; bei zunehmendem Mond pausiere ich. Es heißt, dass die Entgiftungs- und Entschlackungsbereitschaft des Körpers bei abnehmendem Mond am größten ist und sie durch die Ölspülungen wirksam unterstützt wird. Bei abnehmendem Mond gibt der Körper etwas ab, (für mich war dies anfangs eine kleine Eselsbrücke), bei zunehmendem Mond baut er auf und wirkt kräftigend. Der Körper stellt sich auf das Ansammeln und Speichern von Energie ein, und in diesem Zeitraum ist es für ihn nicht leicht, etwas abzugeben. Manche Ärzte und Heilpraktiker raten ihren Patienten, dem Körper bei zunehmendem Mond etwas Gutes zuzuführen, sei es mit der Nahrung oder etwas anderem.
Ob das eben Erwähnte wirklich zutrifft, – ich weiß es nicht. Aber da ich sowieso eine Pause von zwei Wochen einlegen will, kann ich diese genausogut auf den zunehmenden Mond legen.
Mein Gesundheitszustand verschlechterte sich nach Mai 1995. Ich bekam rechtsseitig einen sogenannten „Tennisarm“, der auch dem rheumatischen Formenkreis zugeordnet wird. Vom Namen her ist er bestimmt vielen bekannt, auch dass diese Krankheit meistens (aber nicht nur) Tennisspieler bekommen.
Durch meine einseitig extreme Belastung, zum Beispiel beim Abstützen, bekam ich Schmerzen im Ellbogen, die sich bis ins Handgelenk zogen. Ich versuchte meinen Arm ruhigzustellen, was aber kaum möglich war. Gegen die Schmerzen legte ich Eiswürfel auf das

Gelenk. Die Schmerzen kamen anfallweise. Dabei reckte sich mein Arm, wie von Geisterhand gepackt, in die Höhe. Erst wenn der Schmerz nachließ, senkte sich der Arm wieder nach unten. Diese komische Verrenkung, die ich kaum beeinflussen konnte, passierte meistens, wenn ich lag. Nach etwa sechs Wochen verschwanden wenigstens diese Schmerzen ein wenig.

Essen und Trinken

Einer meiner Lehrer sagte einmal: „Der Mensch stirbt nicht, der Mensch bringt sich selbst um durch falsche Ernährung."
Natürlich war dies eine überspitzte Bemerkung, sie sollte ja nur deutlich machen, wie wichtig richtige Ernährung ist. Ich glaube, dass mir damals die Bedeutung dieser Äusserung überhaupt nicht bewusst war. Richtig ermessen kann ich das Ernährungsproblem erst heute.
Meine erste Umstellung war seit Beginn meiner Krankheit die drastische Reduzierung von Fleisch und Wurst, aber nicht nur aus gesundheitlichen Gründen. Ich fühle mich, moralisch gesehen, viel wohler, seit ich kaum noch Fleisch esse.
Michael hat sich auch aus Überzeugung umgestellt. Angesichts der quälerischen Massentierhaltung und der erbarmungswürdigen Tiertransporte ist uns das auch nicht schwergefallen. Sicher essen wir ab und zu einmal ein Stückchen Fleisch oder Wurst, aber dann nur von Tieren, deren Herkunft und Haltung uns genau bekannt ist. Leider ist das trotz einer verwirrenden Anzahl von Sigeln und Etiketten nicht immer nachvollziehbar.

Dr. Bircher-Benner, ein großer Arzt (1867–1939), hat schon vor vielen Jahren auf die Gefahren übermäßigen Fleischkonsums hingewiesen. Mit seiner Heildiät für Rheumakranke, die er in Zürich entwickelte, wurden spektakuläre Heilerfolge erzielt. Diese Ernährung besteht überwiegend aus Frischkost und ist sehr arm an tierischem Eiweiß und Fett. Bei chronischer Arthritis ist sie für einige Zeit sogar ganz frei davon. Selbstverständlich ist diese Heildiät auch zuckerfrei. Dies ist ein Punkt, den ich mir hinter die Ohren schreiben sollte. Ich wäre vermutlich noch eher gesund geworden, wenn ich mich in punkto Süßigkeiten mehr am Riemen gerissen hätte.
Das „Bircher-Müsli" ist wohl den meisten bekannt, aber das war nur ein Teil seiner Heilkost.
Dr. Bircher (Benner war der Mädchenname seiner Frau) wurde von der damaligen Ärzteschaft heftig attackiert. Das ging so weit, dass

er über 20 Jahre hinweg zu keinem medizinischen Kongress eingeladen wurde. Auch weigerte man sich, seine Bücher und Artikel zu drucken. Aber schließlich gelang ihm der Durchbruch. Seine Heilmethoden, die sich nicht nur auf die Krankenkost beschränkten, fanden immer mehr Anerkennung. Seine Privatklinik vergrößerte sich ständig, und seine einst geschmähten Bücher wurden neu aufgelegt und sogar in andere Sprachen übersetzt.
Dr. Bircher-Benner, der seine Arbeit ganz besonders den Rheumakranken widmete, schrieb kurz vor seinem Tod: „Es gibt eine Verhütung der Rheumakrankheiten, und zwar eine sichere und zuverlässige: Das Leben im Reiche der Ordnung." Dem ist wohl nichts mehr hinzuzufügen.

Ich esse heute viel mehr Obst, Gemüse, Salat, Milch- und Vollkornprodukte. Auf unserem Speiseplan stehen außer den genannten Grundnahrungsmitteln noch Honig, Hefe, Apfelessig, Olivenöl, Nüsse, rohes Sauerkraut, Rote Bete, Zitronen, Datteln und Zwiebeln. Zwiebeln sollen bei Rheuma (und nicht nur da) heilende Wirkung haben. Aus dem Büchlein von Frau Dr. Veronica Carstens „Möglichkeiten der Naturheilkunde bei rheumatischen Erkrankungen" habe ich einige Zwiebelrezepte ausprobiert, die aus Mexiko und Frankreich kommen. Ein Rezept lautet folgendermaßen:

> *Drei kleine Zwiebeln in kleine Stücke schneiden, mit einem halben Liter warmem Wasser übergießen, drei Stunden ziehen lassen. Dann das Wasser in einen Krug geben und tagsüber trinken. Je nach Trinkgewohnheit schluckweise oder dreimal täglich jeweils ein Drittel der Menge trinken, dies drei Wochen lang. Danach drei Wochen Pause und erneut drei Wochen Zwiebelkur, so lange, bis eine Besserung eintritt.*

Ehrlich gesagt, mein Geschmack war es nicht. Ich bin deshalb auf andere zwiebelartige Gewächse umgestiegen: Porree, Schnittlauch und vor allem auf Zwiebelschalotten, die ich besonders gern mag. Rohe Zwiebeln essen wir auch sehr viel, und zwar feingehackt auf rohem Sauerkraut, darüber etwas Olivenöl. Als Zwischenmahlzeit essen wir gern anstelle von Kartoffelchips oder Salzstangen rohes Sauerkraut mit gehackten Walnüssen und kleingeschnittenen Äpfeln.

Meine Leidenschaft für Torten, Nougatstangen und Co. habe ich leider noch nicht im Griff, obwohl ich mich sehr darum bemühe. Und ehrlich gesagt: Ganz aufgeben möchte ich das Naschen aber doch nicht. Schon das Wort „Konditorei“ klingt für mich wie Musik, und das Wort Nougat zergeht mir direkt auf der Zunge: „N–o–u–g–a–t“. Eine Ärztin riet mir einmal, täglich zwei Esslöffel Olivenöl zu mir zu nehmen, egal ob pur oder als Bestandteil einer Mahlzeit. Das Öl sollte allerdings naturbelassen und kaltgepresst sein. Es geht hierbei hauptsächlich um das Vitamin E, mit dem bei Rheuma gute Erfolge erzielt wurden.

In unserem Freundeskreis haben wir einen Imker, und seitdem haben wir Einblicke bekommen in die Arbeit eines Imkers und in die faszinierende Welt der Bienen, die den meisten Menschen verborgen bleibt.

Honig ist mir so wichtig, dass ich darüber einige Worte mehr sagen will. Honig hat nämlich ganz besondere Heilwerte: „Echter“ Bienenhonig enthält große Mengen Vitamine, Mineralien, Säuren, Hormone, Inhibine und Duftstoffe. Die Heilkraft des Honigs scheint fast unbegrenzt zu sein. Da ist zunächst einmal die schnelle Energiezufuhr und die allgemeine Kräftigung zu nennen, (Honig ist vorverdaute Nahrung), außerdem stärkt er die Nerven. Selbst bei schweren Nervenleiden wurden gute Heilerfolge mit Honig erzielt. „Honig ist Herznahrung“, sagte man schon früher, was durch neuere Forschungen bestätigt wurde.

Außer den genannten Heilerfolgen ist Honig nachweislich auch gut bei Rheuma und bei verschiedenen Entzündungen (innerliche und

äußerliche). Kohlblütenhonig, den es in reiner Form hauptsächlich in Holland gibt, hat sich bei Rheuma besonders bewährt.
Seit über einem Jahr esse ich sehr viel Honig (4–6 gehäufte Teelöffel) über den Tag verteilt. Seit ungefähr einem halben Jahr habe ich kein Herzstolpern mehr, das mich viele Jahre begleitete. Ich glaube nicht, dass das ein Zufall ist. Damit ich den Honig in diesen grossen Mengen noch besser essen kann, ohne dass er mir „über wird", trinke ich dazu ein Glas Wasser mit einem Esslöffel Apfelessig. Oder wenn ich Honig als Brotaufstrich verwende, gebe ich obendrauf einen Teelöffel Quark.
Unser Imkerfreund Heinz versorgt uns mit dem besten Honig, den wir jemals gegessen haben. Es ist auch nicht verwunderlich, dass sein Honig – im Gegensatz zu dem Honig, den wir früher im Geschäft kauften – so lecker und gar nicht übermäßig süß schmeckt, denn unser Imker ist kein gewöhnlicher, sondern ein echter „Bio-Imker".
Bei schönem Wetter ruft er uns unverhofft an und lädt uns zu einem Picknick im Grünen ein. Das lassen wir uns natürlich nicht zweimal sagen und packen in Windeseile unseren Korb. Wir haben vereinbart, dass wir Kaffee, Brötchen und Butter mitbringen, und er spendiert ... natürlich seinen Honig!
Das Grundstück, auf dem einige seiner Bienenstöcke stehen, ist riesig. Es liegt direkt an einem Waldrand und ist mit Bäumen und Sträuchern umgeben. Dieser romantische Ort ist für uns eine Oase der Ruhe, zumal, weil Michaels Haus an einer verkehrsreichen Bundesstraße steht. Am Anfang hatte ich ein wenig Angst vor den Bienen, aber ich bin noch nie von ihnen gestochen worden. Unser Imker hat uns erklärt, dass gesunde Bienen, wie seine es sind, nicht aggressiv seien, was durchaus verständlich ist. Geht es uns Menschen denn nicht ebenso?

An die so häufig angepriesenen Nahrungsergänzungsmittel wollte ich bisher nie so richtig heran, weil es immer hieß, dass man bei einer ausgewogenen Ernährung keinen zusätzlichen Bedarf dafür habe.

Aber was heißt schon ausgewogen? Erstens müsste man von manchen Lebensmitteln zu viel essen, um den Tagesbedarf an den betreffenden Vitaminen zu decken. Außerdem ist es nachgewiesenermaßen so, dass mit fortgeschrittenem Alter die Nahrung nicht mehr so gut verwertet wird. Zudem werden viele Früchte wegen des Transports unreif geerntet, so dass von den Vitaminen meist nicht mehr viele vorhanden sind. Deshalb haben wir beschlossen, doch einiges zu ergänzen: Magnesium nehmen wir täglich zusätzlich ein, und es bekommt uns gut. Dasselbe gilt für Vitamin-C-Pulver, obwohl wir relativ viel Obst und Gemüse essen. Bei diesen Zusatzmitteln möchten wir aber vorerst bleiben. Vielleicht tauschen wir einmal das eine gegen das andere aus, aber das entscheiden wir von Fall zu Fall. Es gibt Ernährungsweisen, für die ich mich nicht erwärmen kann. Ich sehe zum Beispiel nicht ein, warum ich keine Eier und Milchprodukte essen soll, wenn sie mir gut bekommen und nicht aus diesen grausamen Massentierhaltungen stammen.

Es gibt Menschen, die diese Produkte ablehnen. Sie behaupten, dass Kuhmilch nur „Informationen“ für das Kälbchen habe, was immer das auch heißen mag. Der Apfel enthält auch nur Informationen, die der Fortpflanzung dienen, und trotzdem wird er von ihnen mit grossem Appetit verzehrt. Manche schwören darauf, nur Rohkost zu essen, aber das wäre mir auf Dauer zu eintönig. Außerdem sind wir Kartoffelfans, und Kartoffeln kann man ja nun wirklich nicht roh essen.

Das Einkaufen war für uns früher eine langweilige Angelegenheit, die auf die Schnelle so ganz nebenbei erledigt wurde. Heute macht uns das Einkaufen im Supermarkt richtig Spaß, und das nicht nur, weil wir dort manchmal Bekannte treffen und mit ihnen eine Tasse Kaffee trinken, sondern auch weil wir das Studium der anderen Einkaufswagen hochinteressant finden. Was da häufig an denaturierten Nahrungsmitteln im Wagen liegt, ist kaum zu glauben und eigentlich nur durch die Unwissenheit vieler Käufer zu erklären. In dieser Hinsicht bedarf es noch vieler Aufklärungsarbeit, doch wollen viele anscheinend nichts dazulernen und lassen sich durch Werbung und schöne Aufmachung blenden. Fertiggerichte sind für uns tabu, ich habe sie „Rumpelstilzchengerichte“ getauft: „Ach wie gut, dass niemand weiß ...“

Als es mir 1995 sehr schlecht ging, bekam ich einmal ein Power-Rezept, das ich hier gerne mitteilen möchte:

> *Haferkörner werden grob geschrotet und trocken leicht angeröstet. Danach füllt man soviel Wasser auf, dass ein Brei entsteht. Fünf Minuten auf kleiner Flamme köcheln lassen. Dann kleine Apfelstücke daruntermischen, damit sie sich etwas erwärmen. Am Ende einen kräftigen Schuss süßer Sahne, Ahornsirup und Zimt darübergeben. Schmeckt einfach köstlich, und man fühlt sich danach bärenstark und rundherum wohl.*

Ich habe während meiner Krankheit eine interessante Beobachtung gemacht: Ich hatte oft ein sehr starkes Verlangen nach Zimt und Majoran. Später, als es mir schon wieder besser ging, las ich zufällig in einem Artikel, dass diese beiden Gewürze „Wärme“ geben. Jetzt verstand ich plötzlich, warum ich damals dieses große Verlangen nach Zimt und Majoran hatte, denn während meiner Krankheit habe ich oft gefroren und hatte immer eiskalte Füße, selbst im Sommer. Der Appetit ist keine „zufällige Einrichtung“, er will uns vielmehr sagen, was der Körper braucht; und meistens (nicht immer) kann man sich darauf verlassen.
Da Essen und Trinken bekanntlich Leib und Seele zusammenhält, betrachten wir die Sache nicht tierisch ernst. Die Ernährung soll auch Spaß und Freude machen, deshalb fahren wir einmal in der Woche in den Vogelsberg in ein urgemütliches Café. Hier gibt es den besten hausgemachten Kuchen, den man sich denken kann, und preiswert ist er obendrein. Dass ich in diesem Café besonders zugreife, versteht sich von selbst. Das Einmalige und Gemütliche an diesem Café ist die Art, wie dort der Kaffee serviert wird: Nicht etwa wie in üblichen Cafés in

vollen Tassen oder Kännchen – nein, da kommt die „Oma des Cafés“ höchstpersönlich mit der großen Kaffeekanne zu uns an den Tisch und schenkt ein.

Über die täglich notwendige Trinkmenge wird seit längerer Zeit viel diskutiert und geschrieben. Mindestens zwei Liter sollen es sein, doch manche Ärzte meinen, noch mehr wäre besser. Früher war das überhaupt kein wichtiges Thema. Im Gegenteil, da wurde oft gesagt: „Trink nicht so viel, damit du nicht so schwitzt.“ Dass Nieren- und Herzkranke sich an die Vorschriften ihres Arztes zu halten haben, versteht sich von selbst.
Der Mensch besteht zu über 60 Prozent aus Wasser, die genauen Angaben hierüber gehen auseinander. Daher ist es leicht vorstellbar, dass der Wasserhaushalt immer wieder aufgefüllt werden muss, weil sonst verschiedene Vorgänge im Körper nicht oder nicht ordentlich funktionieren können. Ein einfacher Test, den jeder durchführen kann, ist das „Urinbeschauen“. Ist dieser sehr dunkel, trinkt man vermutlich zu wenig. Dunkler Urin kann natürlich auch andere Ursachen haben. Dies sollte durch einen Arzt abgeklärt werden. Heller Urin deutet darauf hin, dass reichlich getrunken wurde.
Ich habe mein ganzes bisheriges Leben lang, meine Kindheit vielleicht ausgenommen, immer sehr wenig getrunken. Vor einigen Jahren habe ich mich aber umgestellt und trinke mindestens zwei bis drei Liter täglich, oft werden es auch mehr. Was sollte ich bei dieser großen Menge aber nur trinken!?
Ich trinke etwa die Hälfte der Tagesmenge Mineralwasser. Den Rest teile ich auf in Malzkaffee, Früchtetee, alkoholfreies Bier, Milch oder Buttermilch, Brühe aus dem Reformhaus und selbstgepresste Obstsäfte. Die Auswahl ist doch gar nicht so klein, wie wir festgestellt haben.
Wahrscheinlich denkt man am Anfang unwillkürlich an die vielen süßen Limonaden, die es in unserem Hause nur noch selten gibt, und dann nur als stille Reserve für Besucher, die sich noch nicht auf dem Gesundheitstrip befinden. Bohnenkaffee und Alkohol trinke ich nur

noch in Maßen, aber dann mit um so größerem Genuss. Alkohol, besonders harte Sachen wie Schnaps oder Whisky sind das pure Gift für jeden Rheumatiker.
In letzter Zeit bereiten wir uns täglich eine große Kanne Grünen Tee gemischt mit Früchtetee. Diese Kanne begleitet uns immer, wenn wir mit dem Auto unterwegs sind.
Mit dem Trinken beginne ich gleich morgens vor dem Frühstück, sonst schaffe ich meine Tagesmenge nicht. Zwei bis drei Gläser warmes Wasser auf nüchternen Magen, meist werden es mehr. Ich weiß auch, was besser schmeckt, aber so schlimm ist es gar nicht, wenn man sich einmal daran gewöhnt hat. Ich kann morgens unmöglich sechs oder sieben Tassen Kaffee trinken, um meinen Flüssigkeitsbedarf zu decken. Auch andere Getränke wie Milch oder Limonade finde ich auf nüchternen Magen nicht empfehlenswert. Warmes Wasser ist nach meiner Erfahrung am neutralsten.
Morgens, wenn ich mehrere Gläser warmes Wasser getrunken habe, überkommt mich ein Gefühl, das ich im ganzen Leben noch nicht hatte: Ich könnte vor dem Frühstück auf eine Baustelle oder in den Garten gehen, um zu arbeiten. Wirklich, so fühle ich mich. Außerdem regt das Trinken meinen Appetit an, so dass ich anschließend besser frühstücken kann. Während des Essens und kurze Zeit danach trinke ich nur mäßig, um meine Magensäfte nicht zu sehr zu verdünnen.
Nach 19 Uhr versuche ich aus verständlichen Gründen (na, Sie wissen schon) nicht mehr viel zu trinken.
Da Wasser sofort ungehindert durch den Magen läuft, habe ich auch nicht das geringste Völlegefühl oder desgleichen. Damit die Flüssigkeit auch ein wenig im Körper gehalten wird, salze ich mein Essen leicht, aber nur leicht nach. Das ist für mich unproblematisch, da mein Blutdruck inzwischen eher etwas zu niedrig ist. Trotz des vielen Trinkens habe ich aber keine Schwellungen in den Beinen und leide auch nicht unter Atemnot.
Meine Nierenwerte sind heute in Ordnung, was früher nicht der Fall war, und auch meine geschwollene Zunge hat sich seit längerer Zeit

deutlich verbessert. Meine Haut und meine Augen sind schon lange nicht mehr so trocken wie früher. Damals hatte ich manchmal das Gefühl, als ob ich Sand unter den Augenlidern hätte.
Zum Schluss noch das Rezept für unsere köstliche hausgemachte Limonade:

> *Eine Pampelmuse und eine Zitrone auspressen, Kerne entfernen, Saft aber nicht durchseihen. Mit eineinhalb Liter Wasser auffüllen und je nach Geschmack mit Honig süßen. In zwei Wasserflaschen abfüllen und vor Lichteinwirkung schützen. Ich stülpe einen Kaffeewärmer darüber und schütze die Limo auch noch vor Wärme. Wohl bekomm's!*

Verzweifelte Versuche

Anfang Juni 1995. Wieder ging's zu meinem Naturarzt. Ich war in Tränen aufgelöst und fragte ihn, warum er mir nicht einmal Krankengymnastik oder Massage verordnen würde. Da erklärte er mir, dass ein Mensch, der erhöhte Temperatur und außerdem eine so hohe Blutsenkung habe, auf keinen Fall durch Massagen oder dergleichen strapaziert werden dürfe. Das war mir zwar durch meinen Beruf klar, aber in einer so schlechten Verfassung war ich manchmal logischen Argumenten gegenüber uneinsichtig. Ich konnte einfach nicht untätig sein.

Ich finde es schon bemerkenswert, dass ich genau zu dieser Zeit von einer Behandlungsmethode erfuhr, die sich Akupunktmassage nennt. Obwohl diese Massage nicht von der Krankenkasse bezahlt wird (damals wenigstens nicht), ließ ich sie mir trotzdem auf eigene Kosten geben.

Um es einmal kurz zu erläutern: Akupunktmassage (APM) ist eine energetische Heilmethode. Willy Penzel hat diese spezielle Massagetechnik in langjähriger Forschung aus der Akupunkturlehre entwickelt. Der Therapeut zieht dabei mit einem Metallstab (Penzel-Stab) auf einem bestimmten geschwächten Meridian (Energieleitbahn) in Richtung Energiefluss. Der geschwächte Meridian wird dadurch mit Energie aufgeladen, dafür gibt der Brudermeridian auf der anderen Körperseite die entsprechende Menge Energie ab. Durch diese Umverteilung wird das energetische Gleichgewicht wieder hergestellt. Dr. med. R. Voll sagte einmal: „Schmerz ist der Schrei des Gewebes nach fließender Energie.“ Ich kann mir das so recht bildhaft vorstellen.

APM ist eine sehr sanfte Methode, die sowohl bei Erkrankungen des rheumatischen Formenkreises als auch bei anderen Krankheiten eingesetzt wird. Die Massage, das Ziehen mit dem Penzelstab, ist nicht unangenehm. Doch bis ich erst einmal auf dem Tisch lag, das war ein Schauspiel erster Güte! Geholfen hat die APM auch etwas, das muss ich schon sagen. Ich hatte nach solch einer Behandlung für

etliche Stunden weniger Schmerzen und konnte mich dementsprechend besser bewegen. Allerdings konnte die Rheumaerkrankung selbst nicht beseitigt werden. Insgesamt bekam ich zwölf solcher Massagen. Hätte ich noch mehr davon bekommen – wer weiß, vielleicht wäre ich mein Rheuma damals losgeworden?
Das Unangenehme dabei war nur, dass wir dafür ziemlich weit fahren mussten, denn diese Massage ist noch nicht so bekannt und verbreitet. Voraussetzung ist dafür eine Zusatzausbildung, dann kann sie von allen Angehörigen des medizinischen Personals ausgeführt werden.
An dieser Stelle ist vielleicht für manche eine kleine Erläuterung angebracht, was man unter Meridianen versteht und welche Funktion sie haben. Die Chinesen kennen sie schon seit über 5 000 Jahren. Meridiane sind unsichtbar, und sie konnten bisher nicht wissenschaftlich nachgewiesen werden. Das hatte zur Folge, dass in unseren naturwissenschaftlich orientierten Ländern die Existenz dieser Energieleitbahnen, wie sie auch genannt werden, hartnäckig bestritten wurde. Meridiane bilden ein Kreislaufsystem, in denen das Qi – die Lebensenergie – kreist, und das alle Körperteile mit dieser Energie versorgt.
Auf den Meridianen befinden sich die sogenannten Akupunkturpunkte, die wiederum mit bestimmten Organen in Verbindung stehen. Und diese Organe wiederum können durch Akupunktur (mit Nadeln oder Laser) positiv beeinflusst werden. Energieleitbahnen sind jedoch nicht zu verwechseln mit Nerven-, Blut- oder Lymphbahnen.
Entdeckt wurden die Meridiane und die dazugehörigen Akupunkturpunkte durch jahrtausendelange Körperbeobachtung. Die chinesische Medizin arbeitet auf der Basis der Meridian- und Qi-Theorie seit Jahrtausenden mit großem Erfolg. Langsam scheint sich auch bei uns ein Sinneswandel einzustellen. Es wäre schade, wenn man sich dem noch länger verschließen würde.
Nach der Akupunktmassage ließ ich mir von meiner Heilpraktikerin auch noch gleich meine Narben entstören, denn ich klammerte mich

in dieser schlimmen Zeit an jeden Strohhalm. Die Narben bemerkte sie, als sie bei mir die Akupunktmassage durchführte. Sie meinte, diese Narben könnten „Störfelder“ bilden. Ich habe mir gleich, wie könnte es auch anders sein, ein Buch darüber gekauft und war überzeugt, dass etwas Wahres daran sein könne. Ich erzählte der Heilpraktikerin von meiner sehr hohen Blutsenkung und fragte sie, ob ich meinem Körper mit der neuerlichen Behandlung nicht zu viel zumutete. Da antwortete sie mir doch tatsächlich, dass sie sich mit Blutsenkung nicht auskennt. Ich frage mich heute, warum ich nach dieser „qualifizierten“ Antwort nicht schleunigst das Weite gesucht habe!
Zur kurzen Information: Narbengewebe, das oft hart und unelastisch ist, kann die Energieströme blockieren, die in den Meridianen fliessen. Bestimmte Organe und Körperteile werden dann nicht mehr ausreichend mit Energie versorgt. Es ist leicht vorstellbar, dass ein Mensch mit reduzierter Lebensenergie störanfälliger ist als einer, bei dem diese Energie ungehindert fließen kann.
Es gibt zwei Methoden der Narbenentstörung: Die nach Willi Penzel, zu der ich mich entschlossen hatte, und die nach Dr. Ferdinand Huneke. Die Behandlung nach Penzel ist so gut wie schmerzfrei; es bizzelt nur ein wenig. Die andere Methode beherrschte die Heilpraktikerin nicht. Wenn es wieder einmal erforderlich wäre, würde ich meine Narben erneut entstören lassen, allerdings nicht mehr in dieser Praxis.
Bei mir scheint diese Maßnahme nicht direkt etwas bewirkt zu haben, denn ich hatte danach die gleichen starken Schmerzen wie zuvor. Trotzdem denke ich, dass ich langfristig von der Behandlung profitiert habe.
Ich war wirklich froh, als die viermalige Narbenbehandlung endlich vorbei war. Die weite Fahrt zu der Heilpraktikerin (hin und zurück 130 Kilometer) hat mich doch ziemlich geschlaucht. Dazu kam, dass der Sommer 1995 sehr heiss war, wie ich mich deutlich erinnere. Die Sonne, die meistens kräftig schien, nahm ich in diesen Monaten aber kaum wahr. Sie kam mir so blass vor, als habe sie sich hinter einer Milchglasscheibe versteckt. Das war aber nur meine Schwermut, die

mich das so empfinden ließ. In meinem Innern war es dunkel, sehr dunkel.
Meine Heilpraktikerin hat mich aber noch einmal „drangekriegt“: Bei der letzten Narbenentstörung erzählte ich ihr, dass wir einige Wochen verreisen wollten. Ich hatte die Hoffnung, dass durch den räumlichen Abstand vielleicht eine Besserung meines Zustandes erreicht werden könnte. Sie empfahl mir deshalb, noch schnell eine „Fußreflexzonen-Massage“ bei ihr machen zu lassen. Sie meinte, diese würde mir bestimmt guttun. Mehr überredet als überzeugt willigte ich schließlich ein. Ich wurde von ihr aber nicht über die möglichen Folgen und Reaktionen aufgeklärt; aber genau das hätte sie tun müssen.
Kurze Zeit nach der Behandlung bekam ich starke Gelenkschmerzen. Eine Ärztin sagte mir später einmal, dass diese Schmerzen mit Sicherheit durch die genannte Massage ausgelöst wurden, weil sie unmittelbar danach aufgetreten sind. Es heißt aber, dass nichts ausgelöst werden kann, das nicht schon im Körper steckt. Vielleicht hätte ich meine Gelenkschmerzen früher oder später sowieso bekommen.
Ich hatte seit etlichen Jahren, noch vor meiner Rheumaerkrankung, leichte Schmerzen an den Schultergelenken, die ich aber nicht so wichtig genommen habe. Eine bekannte Masseuse soll einmal gesagt haben, dass der Sinn der Fußreflexzonen-Massage unter anderem darin besteht, den ganzen „Dreck“ aus dem Körper herauszuschaffen. Das hätte bei mir ja sicher wieder einmal prima funktioniert, nur war das der denkbar schlechteste Zeitpunkt dafür.
Die Fußreflexzonen-Massage ist an sich sehr angenehm. Man liegt auf dem Massagetisch und der oder die Behandelnde sitzt direkt vor den Füßen. Ab und zu wird an bestimmten Stellen der Füße gedrückt, was aber erträglich ist. Ich hatte zu dieser Zeit starke Verdauungsprobleme. Das merkte die Heilpraktikerin, als sie meinen linken Fuß am „Dickdarmgebiet“ massierte. Sie sagte mir auf den Kopf zu, dass ich an diesem Tag noch nicht „auf der Toilette“ war. Diese Festellung hat mich verblüfft – es stimmte nämlich tatsächlich.

Fußreflexzonen-Massage ist eine Druckmassage, die möglicherweise auch in China ihren Ursprung hat. Durch Beobachtungen wurde festgestellt, dass bestimmte Zonen an den Füßen bestimmten Organen oder Körperregionen zugeordnet werden können. Hierauf näher einzugehen, ist mir in diesem Rahmen unmöglich. Auch diese Form der Behandlung hat viele Skeptiker auf den Plan gerufen, aber langsam scheint auch sie Anerkennung zu finden.

Eine Reise mit Hindernissen

Ende Juli 1995, endlich war es soweit. Einige Tage nach der Fußreflexzonen-Massage fuhren wir mit dem Wohnwagen nach Wien. Vielleicht war diese Reise für mich so etwas wie eine Flucht, denn Lust hatte ich eigentlich überhaupt keine – ich wollte nur weg, weg, weg, und das so weit wie möglich, als könnte ich so meiner Krankheit davonlaufen.

Bevor wir fuhren, fragte ich meinen Naturarzt, ob ich mit einer so hohen Blutsenkung eine größere Reise unternehmen könne. Er hatte nichts dagegen einzuwenden! Aber als es dann endgültig losging, bat ich meine Freundin Ursula, die Gräber meiner Angehörigen zu versorgen, was sie auch gerne tat. Auch heute, wenn wir verreisen, macht sie es bereitwillig. Unsere Freundschaft beschränkt sich aber nicht nur auf die Grabpflege, wir verleben auch manche schöne Stunden. Ursula und ich, wir kennen uns jetzt 25 Jahre – auch ein Grund zum Feiern.

Die Reise wurde total verkorkst. Nicht nur, dass meine Rheumaschmerzen unerträglich waren, es wurden auch noch zwei falsche Diagnosen gestellt. Bis dahin taten mir „nur“ sämtliche Muskeln weh. Doch schon auf der Hinfahrt fingen nach und nach auch meine Gelenke an zu schmerzen. Zuerst die Schultern, dann die anderen Gelenke. Ich war entsetzt und ratlos.

Camping ist für mich an sich eine sehr schöne Sache, aber diese vier Wochen waren für mich eine einzige Qual. Ich konnte außerdem kaum einen Handschlag machen, alles musste Michael allein tun. Ich lag fast den ganzen Tag in der Schlafkoje, unbeweglich wie ein nasser Sack.

In diesen Wochen waren wir bei drei Ärzten, weil ich mir nicht mehr zu helfen wusste. Der erste Arzt, der in der Nähe des Campingplatzes seine Praxis hatte, meinte zu uns, dass es sich bei mir sicher um eine Sommergrippe handele, darauf würden die Gelenkschmerzen hindeuten. Er verschrieb mir chemische Medikamente, die wir sofort in einer nahegelegenen Apotheke besorgten. Zu diesem Zeitpunkt

bin ich zum ersten Mal meinem Grundsatz untreu geworden, keine chemischen Mittel einzunehmen. Ich konnte die Schmerzen einfach nicht mehr ertragen.
Meine Muskelschmerzen waren ja zu Hause eindeutig als Rheuma diagnostiziert worden, das war die eine Sache, aber die nun dazugekommenen Gelenkschmerzen konnte ich nicht einordnen. Warum sollte ich dem Arzt nicht glauben, dass ich eine Sommergrippe mit rheumaähnlichen Symptomen hätte?
Wir kamen auch mit dem Apotheker ins Gespräch, in dessen Verlauf ich erwähnte, dass ich im Frühjahr einmal von einer Zecke gebissen worden war.
„Um Gottes Willen“, rief er gleich aufgeregt, „Sie haben ganz bestimmt die Borreliose, Sie müssen ins Krankenhaus und dort sofort behandelt werden...“ Er hat mir richtig Angst eingejagt mit seinem Gerede.
Ich nahm die „Grippemittel“ zwei Tage lang ein. Dabei hatte ich das Gefühl, sterben zu müssen. Ich glaubte, mein Kopf würde zerplatzen, zeitweise bekam ich kaum noch Luft. Außerdem war mir speiübel. Nein, diese Medikamente habe ich einfach abgesetzt! Danach verschwanden wenigstens die Nebenwirkungen.
Wieder gingen wir zu dem genannten Arzt. Auf unsere beiläufige Frage, wie man denn eine solche Sommergrippe in Zukunft am besten vermeiden könne, antwortete er lapidar: „Das könnte Ihnen so passen! Wenn wir alles verraten würden, hätten wir ja weniger Beschäftigung.“
Nach dieser Bemerkung haben wir uns ungläubig angeschaut und kurz geschluckt. Auf unsere nächste Frage, was er denn von Homöopathie halte, antwortete er: „Gelump, das ist alles nur Gelump.“ Das reichte!

Nach diesem unerfreulichen Arztbesuch fuhren wir zu einer Ärztin für Homöopathie, die in derselben Stadt wohnte, allerdings am entgegengesetzten Ende. Wir fuhren mit der Straßenbahn dorthin, weil das in einer fremden großen Stadt oft unkomplizierter ist. Michael musste mich beim Einsteigen die Stufen hochziehen, dabei kam ich mir vor wie eine 90-Jährige. Wir haben seit dieser Zeit öffentliche

Verkehrsmittel möglichst gemieden, weil ich nicht unbedingt zur allgemeinen Volksbelustigung beitragen wollte.
Auf dem Wege dorthin hatten wir in der Straßenbahn Gelegenheit, „echten Wiener Charme“ kennenzulernen. An diesem Tag war es besonders drückend und schwül, und sämtliche Fenster der Straßenbahn waren weit geöffnet. Ich schwitzte und fror abwechselnd und fühlte mich hundeelend. Daher fragten wir eine Dame, die uns gegenübersaß, ob wir wenigstens das Fenster schließen dürften, das sich direkt neben mir befand. Die anderen Fahrgäste hatten nichts dagegen einzuwenden mit Ausnahme einer Frau, die uns auch noch direkt gegenübersaß. Sie schrie, dass es eine Zumutung sei, bei der Hitze das Fenster zu schließen, sprang auf und öffnete es wieder. Die Dame neben mir versuchte, sie zu beschwichtigen und machte sie darauf aufmerksam, dass ich anscheinend sehr krank sei. Doch die andere schnaubte nur. Ich schlug die Hände vors Gesicht und konnte meine Tränen nicht unterdrücken. Die Fahrt ging an dem berühmten Naschmarkt vorbei, und bald kam zum Glück die Haltestelle, an der wir aussteigen mussten.
Ich war froh, als ich endlich mit der Homöopathin reden konnte, einer sympathischen Frau mittleren Alters. Sie verschrieb mir einige Mittel, die mir wenigstens ein wenig Linderung verschafften. Dabei war auch das Mittel Echinacea, wodurch mein Immunsystem gestärkt werden sollte. Bei der Diagnose über die neuerdings dazugekommenen Gelenkschmerzen wollte sie sich jedoch nicht festlegen, denn sie konnte aus Zeitmangel keine gründliche Untersuchung vornehmen. Sie riet uns aber dringend, die Heimreise anzutreten. Sie wunderte sich sehr, dass wir in meiner schlechten Verfassung überhaupt eine solche Reise unternommen hatten. Was sollte ich darauf antworten? Im Grunde hatte sie ja Recht. Wie hätte ich ihr den ganzen Schlamassel von „Flucht“ erklären sollen – es hätte außerdem sowieso nichts geändert.
Auf der Rückreise von Wien nach München habe ich nur getrunken. Nicht weniger als sechs Flaschen Mineralwasser habe ich in mich hineingepumpt, während Michael das Wohnwagengespann fuhr. Ich

hatte nur den einen Gedanken, den ganzen Dreck, der in mir steckte, herauszuspülen. Ich glaube, es war der Mut der Verzweiflung. Zur Nachahmung kann ich diese Rosskur aber auf keinen Fall empfehlen, denn es hätte auch ins Auge gehen können, zum Beispiel mit einem Kreislaufkollaps.
Ich habe getrunken – geschwitzt – getrunken – geschwitzt. Ich hatte ständig eine Flasche in der Hand und schluckte, was das Zeug hielt. Dabei hing ich in den Gurten wie ein geprellter Frosch. Von der schönen Landschaft, durch die wir fuhren, habe ich überhaupt nichts mitbekommen. Nach etwa sechs Stunden Fahrt kamen wir in München an.
Dort war es wieder so schlimm mit mir, dass wir am nächsten Morgen in eine Klinik fuhren. Der diensthabende Notarzt glaubte nicht an eine Sommergrippe. Er hielt die Borreliose für viel wahrscheinlicher, weil man bei dieser Krankheit unter anderem auch Gelenkschmerzen hat. Ich glaube, da wäre mir damals die Diagnose „Sommergrippe“ lieber gewesen! Den Verdacht auf Borreliose gab er mir sogar schriftlich für meinen Arzt.
Leichtsinnigerweise fuhren wir nicht gleich am nächsten Tag nach Hause, obwohl Michael zur Heimreise drängte. Ich bat ihn, noch einige Tage in München zu bleiben. Ich wollte wohl alles wegschieben, ausreißen, wieder die Flucht ergreifen, denn ich hatte Angst vor dem Untersuchungsergebnis. Das bisschen Blutabnehmen für den Borreliosetest war nicht der Rede wert, aber die Angst vor dem Untersuchungsergebnis war groß.
Wir haben uns noch vier oder fünf Tage in München herumgedrückt, und meine Qualen wurden immer größer. Um mich etwas zu informieren, haben wir uns in einer Apotheke einige Broschüren über die Folgen von Zeckenbissen besorgt. Die Borreliose ist demnach eine bakterielle Infektionskrankheit, die grippeähnliche Symptome hervorruft und mit Antibiotika behandelt wird.
Einen Tag verbrachten wir in München im Englischen Garten. Dort lag ich jedoch mehr auf einer Bank, als dass ich gelaufen wäre. Selbst zum Sitzen war ich zu schwach. Ruhelos schwirrten mir Fra-

gen durch den Kopf: Rheuma? Borreliose? Sommergrippe? Mein Gott, was sollte nur aus mir werden?
Wie die Rückreise von München nach Gelnhausen verlief, weiß ich nicht mehr. Ich befand mich in einem regelrechten Dämmerzustand. Wieder zu Hause angekommen, ging ich sofort zu meinem Naturarzt. Der ließ auch gleich einen Borreliosetest machen und außerdem noch einen Allergietest und einen Hormonspiegel. Bei Rheuma sollte man auch immer an eine Allergie als mögliche Ursache denken, meinte er. Und die Hormone könnten ebenfalls allerhand Unheil im Körper anrichten, wenn sie „durcheinandergeraten" sind. Das Warten auf das Ergebnis brachte mich vor lauter Spannung fast zum Platzen. Dann endlich der Befund: Ich hatte keine Allergie, vor allem keine Borreliose, und mein Hormonhaushalt war völlig in Ordnung. Ich hatte eindeutig rheumatische Gelenkschmerzen, die zu meinem Muskelrheuma noch dazukamen! Es ist leider nicht ungewöhnlich, dass sich manche Menschen gleichzeitig mit mehreren Rheumaarten herumschlagen müssen!

Eigenurintherapie

Die Eigenurintherapie ist keine Erfindung des Mittelalters und stammt auch aus keiner Hexenküche, sondern ist eine sehr alte erprobte Behandlungsmethode, mit der sich heute sogenannte Urintherapeuten ernsthaft auseinandersetzen. Es ist eine überlieferte Heilweise aus der Volksheilkunde. Genauere Zeitangaben darüber, seit wann diese Form der Behandlung praktiziert wird, gibt es leider nicht, es dürfte jedoch sicher sein, dass sie mindestens 2000 Jahre alt ist.

Eigenurintherapie wird rund um den Globus praktiziert, von den Schamanen in Afrika und Asien ebenso wie von den Russen, den Indern und den Indianern. Hippokrates, ein bekannter griechischer Arzt, weist in seinen Schriften auf den Urin als wertvolles Diagnostikum und Heilmittel hin. Auch die berühmten Ärzte Hufeland und Paracelsus waren Vertreter dieser Therapie. Es bleibt noch zu erwähnen, dass diese Behandlungsmethode in der Bevölkerung weiter verbreitet ist, als dies allgemein angenommen wird; man spricht nur nicht gern darüber.

Bekannt ist, dass kranke Tiere ihre Wunden lecken. Weniger bekannt ist vielleicht, dass sie auch ihren Urin auflecken. Vermutlich haben Menschen in grauer Vorzeit dies den Tieren abgeschaut; das könnte der Anfang der Eigenurintherapie gewesen sein.

Ob Urin nicht nur gefärbtes Wasser ist, wurde ich einmal gefragt. Nun, das ist er ganz bestimmt nicht. Vielmehr wurden darin einige hundert Bestandteile festgestellt: Vitalstoffe, Enzyme, Mineralstoffe, Vitamine, die bei Rheuma, aber auch bei anderen Krankheiten wirksam sind.

Eine Frage, die viele interessiert, ist die, ob Eigenurin bei innerlicher Anwendung nicht schädlich ist wegen der Keime und Ausscheidungsprodukte. Nach Ansicht der Urintherapeuten ist das so: Harmlose Keime enthält jeder Urin, sie schaden jedoch nicht. Bei schweren Blasen- oder Nierenentzündungen ist natürlich von einer Urin-Trinkkur abzuraten, ebenso bei Drogen-, Medikamenten- oder

Alkoholkonsum. Es ist sowieso ratsam, vor Beginn der Behandlung mit Eigenurin einen Arzt aufzusuchen, der sich auf diesem Gebiet auskennt.
Während meiner Rheumazeit habe ich Eigenurin nur als Badezusatz verwendet, um den Heilungsprozess zu fördern. Natürlich ist schon jedes warme Bad angenehm und entspannend, aber mit dem Zusatz von Eigenurin hat es darüber hinaus noch heilende Wirkung. Diese Bäder mache ich heute noch, obwohl ich mich als gesund betrachten kann. Die Bäder sind eine allgemeine Gesundheitsvorsorge, die mein Wohlbefinden ganz enorm steigern.
Die Herstellung eines solchen Bades ist sehr einfach:

> *Ich sammle den Tagesurin und schütte ihn ins Badewasser. Dazu kommt eine Tasse Obstessig, drei gehäufte Hände naturbelassenes Badesalz (vom Toten Meer) und zwei Esslöffel Olivenöl. Ich bade nicht länger als zwanzig Minuten.*

Mein Arzt empfahl mir wegen des Rheumas eine Badetemperatur von nur 32–34 Grad, was ich auch befolge. Ganz wichtig ist es, wegen der Rutschgefahr im ölhaltigen Badewasser eine Matte oder ein Handtuch in die Wanne zu legen.
Nach so einem Bad fühle ich mich wie neugeboren. Meine Haut ist samtweich, und ich habe auch keine „schrumpeligen" Finger, wie das sonst oft nach dem Baden der Fall ist. Eine Ruhepause sollte nach einem solchen Bad selbstverständlich sein, und mehr als zwei Bäder die Woche sollte man nicht nehmen.
Die Bäder haben noch eine angenehme „Nebenwirkung": Einmal vergaß ich vor einem solchen Bad, meine Silberkette abzunehmen, die schon ziemlich alt und dunkel war. Mein Erstaunen war groß, als ich aus der Wanne stieg: Die Kette war nicht wiederzuerkennen, sie funkelte wie neu. Auf diese Weise habe ich im Laufe der Zeit meinen gesamten Silberschmuck gereinigt, das war dann im wahrsten Sinne des Wortes „ein Abwasch".
Ich wollte nichts unversucht lassen, um meine Gesundheit wieder

völlig herzustellen, und so wagte ich auch einen weiteren Versuch: Heldenmütig trank ich eines Abends einen Schluck meines Urins und war überrascht: Er schmeckte – nach Gemüsebrühe. Ich empfand dabei erstaunlicherweise überhaupt keinen Ekel, aber Überwindung kostete es mich doch. Ich hatte diesen Versuch bewusst auf den Abend verlegt, weil da der Urin schon durch das Trinken am Tage verdünnt ist.
Am nächsten Morgen probierte ich es mit einer größeren Menge, diese verdünnte ich mit Obstessig und hielt mir beim Trinken außerdem die Nase zu. Ich bemerkte nicht den geringsten Uringeschmack, weil ich viel Essig hineingetan hatte, dadurch schmeckte das „Gemisch" krachsauer.
Für diese „Experimente" hatte ich mir ein schönes Wasserglas mit grünen Streifen genommen, das ich jetzt im Badezimmer aufbewahre, und das selbstverständlich ausschließlich für diesen Zweck benutzt wird. Zum Trinken des Urins wird der „Mittelstrahl" genommen, das heißt: Beim Urinlassen zunächst ein bisschen ablaufen lassen. Das ist wichtig, weil dadurch möglichst viele Keime aus der Harnröhre herausgeschwemmt werden. Ich erwähnte ja schon, dass diese meist harmlos sind, aber trotzdem sollte so wenig wie möglich wieder in den Körper gelangen. Danach den weiteren Urin auffangen, der zum Trinken bestimmt ist, und vor Ablaufen des Resturins mit dem Auffangen aufhören. Ich weiß jetzt, dass ich, falls ich wieder einmal krank werden sollte, keinen Augenblick zögern würde, eine Trinkkur mit Eigenurin zu machen, die auch bei Rheuma sehr hilfreich ist.
Während meiner Rheumajahre hatte ich, bedingt durch den Stress und die Schmerzen, vermehrten Haarausfall und schnell fettende Kopfhaut. In dieser Zeit verwendete ich Eigenurin als Haarpackung und hatte auch damit Erfolg. Ich machte die Packung gleich am Morgen mit dem ersten, noch warmen Urin. Diesen schüttete ich über die Haare, massierte damit leicht die Kopfhaut und setzte danach eine Badehaube auf. Den Urin ließ ich eine halbe Stunde einwirken, danach wusch ich die Haare wie üblich. In das letzte Spülwasser gab ich noch einen Schuss Essig. Der Erfolg hat sich sehr bald bei mir eingestellt.

Ein Arzt erzählte mir einmal, dass er sowohl vorbeugend als auch im Krankheitsfalle etwas von seinem Morgenurin in den Mund nimmt, diesen eine halbe Stunde bei sich behält und dann ausspuckt. Er meinte noch, dass diese Form der Anwendung eine Alternative sei zur innerlichen Einnahme, also dem Trinken von Urin. Das werde ich mir bestimmt gut merken.

Die offene Badekur

Es war jetzt Anfang September 1995. Wir planten zusammen mit meinem Naturarzt eine Badekur für mich, aber das war gar nicht so einfach, denn ich musste ja kurfähig sein. Die Idee einer Kur kam von mir, denn ich hatte das Gefühl, dass ich auf der Stelle trat und nicht weiterkam. Meiner Ansicht nach war es „fünf Minuten vor Zwölf" bei meiner Krankheit. Es musste ganz dringend etwas gegen meine fortschreitende Bewegungsunfähigkeit getan werden. Mittlerweile war ich bereits so steif, dass ich mir nicht einmal meine Schürze ohne fremde Hilfe zubinden konnte, um nur ein Beispiel zu nennen.
Mein Naturarzt war damals einige Tage verreist, und wir waren ratlos. Wie sollte das nur weitergehen? Da hörte ich, dass meine alte Hausärztin von ihrem längeren Krankenstand wieder zurück sei, und wir fuhren zu ihr. Auch sie wollte mir Cortison spritzen und ein Rheumamittel verschreiben, was ich beides ablehnte. Die Blutsenkung, die sie veranlasste, war jetzt 54/96 mm.
„Ihre Senkung lässt ja jeden Arzt vom Stuhl hochschnellen", rief sie, und dann meinte sie noch, dass ich ganz sicher bald mit Blaulicht in eine Klinik gefahren werden müsste, wenn ich nicht bald einsichtig würde. Ich denke, mit „einsichtig werden" meinte sie wohl, dass ich mich nicht länger gegen eine schulmedizinische Behandlung sträuben solle. Ich bin nie mehr bei ihr gewesen, es hätte ja doch nichts gebracht.
Als mein Naturarzt von seiner Kurzreise zurückkam, schien er jedoch nicht besonders begeistert davon zu sein: „Wo kämen wir da hin, wenn wir jeden Rheumakranken einfach zur Kur schicken würden, und schon wäre alles gut!" Trotzdem füllte er den Antrag aus. In die Spalte „kurfähig" schrieb er: „heute ja".
Anfang Oktober war es dann soweit: Wir fuhren in einen Kurort nach Bayern, wo wir die ersten drei Wochen herrlichstes Herbstwetter hatten. Jetzt ging es mir schon so erbärmlich, dass ich eine Tasse nur noch mit beiden Händen halten konnte. Die einfachsten Bewegungen, die man als Gesunder überhaupt nicht registriert, bereiteten

mir die größte Mühe. Wenn ich saß und beispielsweise meine Beinstellung etwas verändern wollte, musste ich das Bein mit beiden Händen anheben, um es zu versetzen. Es gelang mir auch nicht mehr, freihändig von einem Stuhl aufzustehen.
Treppen rauf- und runterlaufen konnte ich nur im Tapp-Tapp-Schritt wie ein kleines Kind. Das war auch schon das erste Problem, das sich uns entgegenstellte. Bei der Wahl unseres Quartiers hatten wir durch die ganze Aufregung nicht darauf geachtet, in welchem Stockwerk unsere Wohnung lag. Nach zwei Wochen konnte ich die Treppen beim besten Willen nicht mehr bewältigen.
Ich hatte mir bewusst einen Badearzt ausgesucht, der auch Naturmediziner war. Dieser Arzt empfahl mir, gegen mein Rheuma ein Enzympräparat einzunehmen. Enzyme sind Bausteine des Lebens, also Eiweissstoffe, Proteine schlechthin. Ohne Enzyme ist Leben nicht möglich. So wie durch ein Streichholz Feuer entfacht wird, so bringen Enzyme die Lebensvorgänge in Gang. Forscher haben auf diesem Gebiet schon vieles geklärt, doch das Thema ist so umfassend und kompliziert, dass noch viele Überraschungen zu erwarten sind. Die Behandlung mit Enzymen ist aus der Erfahrungsmedizin hervorgegangen. Bei Rheuma hat man schon gute Erfolge damit erzielt, was ich bestätigen kann. Seltsamerweise sind viele rheumakranke Menschen über die Möglichkeiten der Enzymtherapie wenig oder gar nicht informiert. Auch vielen Ärzten fehlen die Kenntnisse darüber oder sie haben Vorurteile, obwohl Enzymbehandlungen im Gegensatz zu den gängigen Rheumamedikamenten kaum oder gar keine der gefürchteten Nebenwirkungen haben.
Ich besorgte mir das empfohlene Enzym-Präparat, weil es sich, wie mir der Apotheker bestätigte, auch um ein Naturheilmittel handelte. Zu dieser Zeit hatte ich bereits seit über drei Monaten ununterbrochen erhöhte Temperatur. Nach sage und schreibe dreitägiger Einnahme des genannten Medikaments war meine Temperatur um drei Teilstriche gesunken, und ich fühlte mich etwas besser. Schon die Freude über diesen kleinen Erfolg ließ meine Stimmung steigen, und das übertrug sich automatisch auf meinen Körper.

Mein Badearzt empfahl mir weiter, einen Tee zu trinken, der aus der Teufelskralle gewonnen wird. Er schmeckt abscheulich, aber ich habe ihn trotzdem eine Weile getrunken (in den ersten drei Wochen meiner Kur). Was der Tee bewirkt hat, kann ich nicht genau sagen, da ich ja gleichzeitig das genannte Enzympräparat einnahm, aber ich bin überzeugt, dass er an der Besserung meines Zustandes nicht ganz unbeteiligt war.

Während der Kur wurden mir viele verschiedene Anwendungen verordnet. Ich bekam Moorpackungen, Bewegungsbäder, Krankengymnastik, Massagen und Akupunktur. Von den Ganzkörper-Moorpackungen konnte ich aber nur eine in Anspruch nehmen, weil ich damit Probleme hatte. Nachdem die Bademeisterin mich schön mit Moor eingeschmiert hatte, ließ sie mich mit einem Ruck mit der gesamten Liege nach unten absacken, in eine sogenannte Warmhaltewanne. Ich hatte das Gefühl, als ob ich „in die Gruft" befördert würde und bekam einen gewaltigen Schreck. Zu dieser Zeit hatte ich oft das Gefühl, dass ich sterben müsse; da kam mir diese hochmoderne Einrichtung, auf die das Kurhaus sehr stolz war, sehr ungelegen. Ich berichtete meinem Kurarzt sofort von meinem Missgeschick, und er sah ein, dass das wohl momentan nicht das Richtige für mich war.

Die Bewegungsbäder, auf die ich mich so gefreut hatte, gingen auch schief. Ich stand im Wasser und konnte mich kaum rühren. Ich kam mit den anderen überhaupt nicht mit, kaum eine der Übungen konnte ich ausführen. Einmal wäre ich fast ertrunken. Nach der ersten Übungsstunde nahm mich die Übungsleiterin beiseite und riet mir, ich solle mir Einzelbewegungsbäder verordnen lassen, denn so hätte das keinen Sinn. Nach einer kurzen Rücksprache verordnete mir dann mein Badearzt diese Bäder, und von da an ging es etwas besser. Ich bekam wegen meiner Schlafstörungen zusätzlich sogenannte Laser-Akupunktur-Behandlungen, bei denen nicht mit Nadeln behandelt wird, sondern mit einem elektrischen Gerät, das mit Laserstrahl arbeitet. Diese Behandlungen waren erfolgreich, denn ich konnte nun etwas besser schlafen: Für mich ein köstliches Geschenk!

Nach zwei Wochen konnte ich es in unserem derzeitigen Quartier nicht mehr aushalten, vor allem wegen der vielen Treppen. Wir hatten uns dort von Anfang an nicht wohl gefühlt. Da zu dieser Jahreszeit nur wenige Kurgäste im Ort weilten, fanden wir sehr schnell eine andere Wohnung.
In den ersten drei Wochen wurde ich von einer Krankengymnastin behandelt, bei der ich das Gefühl hatte, sie wollte mir sämtliche Knochen brechen. Ich kam mir vor, als würde sie mich ganz auseinandernehmen. Bei ihrer Behandlung habe ich oft laut gebrüllt vor Schmerzen. Ich betrachte es heute als einen echten Glücksfall, dass diese Frau, die sicher die besten Absichten hatte, nach drei Wochen in Urlaub ging. Die Folge ihrer „Gewaltanwendungen" war, dass ich mich immer mehr verspannte und dadurch eher das Gegenteil dessen erreicht wurde, was eigentlich erreicht werden sollte. Ich kam deshalb in dieser Zeit keinen Schritt weiter.
Bei den weiteren verordneten Behandlungen geriet ich an eine Krankengymnastin, die in ihrem Fach durch ständige Weiterbildung auf dem neuesten Stand war. Die Methode, die sie bei mir anwandte, nennt sich „Manuelle Therapie". Dabei handelt es sich um eine spezielle, sehr sanfte Krankengymnastik, die sogar in meinem extrem schweren Fall zum Erfolg führte. Obwohl ich nicht gerade empfindlich bin, ging auch diese Behandlung nicht ohne Tränen ab. Trotzdem: kein Vergleich zu der vorherigen Behandlung!
„Der Kampf zu dritt an der Tür", so könnte ein eigenes Kapitel heissen. Kurz erklärt war es so: Ich musste mich vor eine geschlossene Tür stellen und mit beiden Händen nach oben „krabbeln", um den oberen Türrahmen zu erreichen. Es ging aber nicht. Ich kam mit meinen Händen kaum bis Stirnhöhe. Michael stand hinter mir und musste mich mit seinen Händen gegen die Tür drücken. Gleichzeitig zog die Therapeutin meine Hände nach oben, damit sie nicht abrutschten. Ohne diese Hilfestellung wäre ich wohl keinen Zentimeter weiter nach oben gekommen, denn die Schmerzen dabei waren barbarisch. Ich habe an der Tür gehangen wie an einem Marterpfahl und habe gewimmert und gestöhnt. Buchstäblich millimeterweise

haben wir uns in den nächsten Tagen an der Tür „emporgearbeitet“, und jeder gewonnene Millimeter wurde freudig begrüßt.
Nach sechs Wochen Kur kam ich immer noch nicht an den oberen Türrahmen, aber wir hatten erhebliche Fortschritte gemacht. Ich bin dieser Therapeutin sehr dankbar für ihre aufopfernde Behandlung, zumal sie meinetwegen oft Überstunden eingelegt hat, denn das Personal war knapp. Auf meine interessierte Frage (ich will immer alles ganz genau wissen), was die „Manuelle Therapie“ von der herkömmlichen Krankengymnastik unterscheidet, erläuterte mir die Therapeutin: Manus heißt bekanntlich „die Hand“. Die Therapie bedeutet also, mit der Hand an den Ort des Geschehens zu gehen, und zwar direkt an Gelenke und Kapseln. Man kann dort jede Veränderung ertasten, Nerven und Muskeln untersuchen und danach behandeln. Muskulatur kann gedehnt und Gelenke mobilisiert werden. Ich merkte bei der Behandlung ganz deutlich, dass der gesamte Ablauf ein anderer war als bei der herkömmlichen „Gewaltmethode“.
Insgeheim hatte ich immer die Befürchtung, dass der Kurarzt mich heimschicken könnte. Einige Bedienstete des Kurmittelhauses hatten ihm nämlich von meinen Schwierigkeiten berichtet. Für mich wäre das eine herbe Enttäuschung gewesen, denn ich bin nach wie vor der Meinung, dass die Manuelle Therapie mir die entscheidende Hilfe brachte, was meine Mobilität betrifft. Wäre meine Schultersteife noch weiter fortgeschritten, dann hätte nur noch Gewaltanwendung unter Narkose geholfen. Ja, so etwas gibt es tatsächlich. Von dieser „Hau-Ruck-Methode“ sind jedoch Masseure, Krankengymnasten und besonders natürlich Patienten überhaupt nicht begeistert. Mehrere Krankengymnasten, die mich während meiner ganzen Rheumazeit behandelten, versicherten mir, so etwas von Steifheit noch nie erlebt zu haben. Schon wegen dieser Äußerungen kam ich mir manchmal vor wie ein kleines Monster.
Im Laufe der Kur empfahl mir mein Kurarzt, noch einen Kurzlehrgang zu machen, der sich PMR nach Dr. Jakobson nennt. PMR ist das Kürzel für „Progressive Muskel-Relaxation“. Es handelt sich

hierbei um eine Tiefmuskel-Entspannung, die sich schon aus ihrem Wort erklärt, wenigstens zum Teil. Das Grundprinzip der Methode besteht darin, durch Anspannung die Muskulatur zur Entspannung zu bringen. Die Übungen können im Stehen, im Sitzen, ja sogar im Liegen ausgeführt werden. Sie können sehr hilfreich sein bei verschiedenen Schmerzarten, zum Abbau von Stresssymptomen, bei Angstzuständen und Depressionen. Dieses Entspannungstrainung hat aber auch positiven Einfluss auf das Immunsystem und regt die Selbstheilungskräfte an.

Ich habe eigentlich nur theoretisch von diesem Lehrgang profitieren können, denn ich war diejenige in der Gruppe, der es am miserabelsten ging. Meistens habe ich nur dagesessen, zugeschaut und zugehört. Auf den Fußboden setzen oder hinlegen war für mich nicht möglich, denn ich kam einfach nicht hinunter. Die Kursleiterin und eine Kursteilnehmerin haben mich schließlich gemeinsam auf den Fußboden bugsiert. Nach Beendigung der Übung bin ich mühsam in den Vierfüßlerstand gekrabbelt und habe mich dann an einem Stuhl hochgeangelt, bis ich wieder auf die Füße kam. Auf den Knien rutschen oder in die Hocke gehen war für mich wegen der entzündeten Schleimbeutel in den Kniegelenken ebenfalls absolut unmöglich. Später erfuhr ich, dass die PMR bei entzündlicher Erkrankung der Muskulatur nicht durchgeführt werden sollte. Ich habe aber trotzdem von dem Lehrgang profitiert, denn nach Abklingen der Entzündungen konnte ich in diese Übungen voll einsteigen, und das mit Erfolg.

Im Vergleich zum „Autogenen Training“ ist mir die PMR viel lieber. Sie lernt sich leichter und schneller. Heute bin ich (meistens) von einer Ruhe und Gelassenheit, die ich mir immer gewünscht habe. Wenn ich aber dennoch einmal anfange „zu flattern“, dann mache ich einige dieser Übungen, und schon geht es mir besser. Ich habe aber noch ein eigenes Hausrezept, das ich gern anwende, wenn ich unterwegs bin. Wenn möglich, schließe ich die Augen und lege meine Hände auf den Unterbauch. Dann versuche ich ruhig zu atmen (Bauchatmung). Dabei stelle ich mir vor, dass ich von schönen bunten Strahlen eingehüllt oder

von einer harten, schützenden Schale umgeben bin. Das hilft bei mir fast immer, außer in Extremsituationen.
Weil mir meine Kniekehlen so entsetzlich wehtaten und der Kurarzt den Verdacht auf Baker-Zyste, das ist eine Zystenbildung an der Innenseite der Kniekehle, hatte, wurde ich noch zu einem Orthopäden überwiesen. Bei dem Arzt, der nervös und gereizt schien, war es brechend voll. Er herrschte mich an, dass er eigentlich gar keine Zeit für mich habe, weil ich zwischendurch hereingeschneit käme und er außerdem (was das stärkste war!) für meine Untersuchung nur 12,50 Mark bekomme. Ich wäre am liebsten heulend weggelaufen, aber ich ließ die Untersuchung über mich ergehen. Wenigstens hatte sich der Verdacht auf Baker-Zyste nicht bestätigt. Es waren also doch die entzündeten Schleimbeutel, wie ursprünglich angenommen. Schleimbeutel befinden sich in den Gelenken; man könnte sie auch als „Polster" bezeichnen. Sie dienen zum Schutz der Gelenke und zwar an den Stellen, wo diese stärker belastet werden.
Eine Feststellung machte ich im Verlauf meiner Krankheit immer wieder, nämlich dass nichts so schlimm ist, als dass es nicht noch schlimmer werden könnte. So war es auch in den letzten Wochen meines Kuraufenthaltes. Ich bekam eine Erkältung mit Schluckbeschwerden, weil meine Mandeln entzündet waren. Der Kurarzt empfahl mir, täglich mit warmer Sole zu gurgeln, was ich aber ungern tat, denn selbst das Gurgeln bereitete mir Schwierigkeiten. Ich konnte meinen Kopf dabei kaum in den Nacken legen, deshalb versuchte ich meinen ganzen Oberkörper nach hinten zu beugen. Mit einer Hand hielt ich mich an der Kabine fest, die fürs Gurgeln bestimmt war, mit der anderen umklammerte ich den Becher mit der Sole. Ich war sehr froh, als nach ein paar Tagen wenigstens die Halsschmerzen ein wenig nachgelassen hatten. Ich hätte nie gedacht, dass selbst einfaches Gurgeln eine solche Schinderei sein kann.
Die Kur war vorüber, und wir fuhren nach Hause. Aber war das für mich eine Fahrt! Ich konnte keine Stunde im Auto durchhalten vor lauter Unruhe und Schmerzen. Wir legten fast stündlich eine Pause ein. Doch wenn ich dann draußen in der Kälte und im Schneematsch

stand, konnte ich nicht schnell genug wieder ins Auto kommen. Die lange Rückreise war für mich viel zu anstrengend.
Als wir zwei Jahre später auf einer Durchreise des Personal des Kurmittelhauses aufsuchten, wurde uns gesagt, dass damals alle, die mich kannten, einstimmig der Meinung waren, dass bei mir nichts mehr zu machen sei, dass ich wahrscheinlich im Rollstuhl oder im Sanatorium landen würde. Umso erfreuter und erstaunter waren alle, als sie mich in einer so guten Verfassung sahen. Wir fahren jetzt privat öfter in diesen Kurort, denn wir haben dort nette Bekanntschaften geschlossen.

Der Rückfall

Nach der Kur, ab Ende November 1995, ging es mir in jeder Hinsicht etwas besser, ich war zufrieden. Jetzt konnte ich schon wieder einigermaßen durchschlafen. Meine Senkung war bei 20/42 mm angelangt, was zwar noch erhöht war, aber doch wesentlich niedriger als vorher, und auch meine Temperatur war nicht mehr so hoch. Ich war vor allen Dingen nicht mehr von so starken Ängsten geplagt. Als meine Schultersteife auf dem Höhepunkt war, fühlte ich mich, als wäre ich in einem Panzer eingeschlossen. Ich fürchtete, dass ich aus diesem Zustand nie mehr herauskommen würde, und das kann schon große Ängste auslösen. Damals hatte ich eine ungefähre Vorstellung davon, wie sich Menschen in einer Zwangsjacke fühlen müssen. Wenn sich mein Zustand nicht gebessert hätte, wäre ich wahrscheinlich auch noch in so einem Ding gelandet – wer weiß.

Was für mich hochinteressant war: Meine Träume stellten sich wieder ein. Ich habe mein ganzes bisheriges Leben sehr viel und lebhaft geträumt, aber in den Monaten Juni bis November 1995 träumte ich überhaupt nicht, da herrschte absolute Funkstille. Mein Naturarzt fragte mich am Anfang meiner Krankheit einmal, ob ich zur Zeit träumen würde. Diese Frage musste ich verneinen. Er ließ daraufhin durchblicken, dass das kein gutes Zeichen sei. Überrascht hat mich seine Antwort aber ehrlich gesagt nicht. Meine Freude über die Besserung hielt aber nicht lange an. Knapp zwei Wochen nach der Kur ging es mir so miserabel, dass ich fast verrückt geworden wäre. Die oben erwähnte Zwangsjacke schien es wohl doch auf mich abgesehen zu haben.

Weil wir im letzten Sommer in Michaels Haus umgezogen waren, suchte ich mir einen neuen Hausarzt, und es war naheliegend, dass ich zu dem Arzt ging, bei dem auch Michael schon längere Zeit in Behandlung war. Der bestätigte die Diagnose: Rheuma polymyalgia rheumatica.

Mein Gesundheitszustand pendelte hin und her, mal ging es mir ein bisschen besser und ich schöpfte neue Hoffnung, dafür ging es mir am nächsten Tag um so schlechter. Es war zum Heulen.

Mitte Dezember 1995 ließ ich mich zu einem Orthopäden überweisen. Er wollte bei mir unbedingt eine Knochenszintigraphie machen. Dies lehnte ich jedoch ab, weil ich Angst vor der Strahlenbelastung und noch mehr vor der „Wahrheit“ hatte. Bei dieser Untersuchungsmethode werden radioaktiv markierte Substanzen in die Vene gespritzt. Diese reichern sich in den Gelenkspalten und den gelenknahen Knochen an. Der Arzt kann dann im Knochenszintigramm sehen, was los ist.

Der Orthopäde verordnete mir zwölfmal Krankengymnastik, worüber ich mich ganz besonders freute. Dazu verschrieb er mir noch ein Schmerzmittel und ein Medikament zur Muskelentspannung. Ich habe das Rezept für die Medikamente zwar angenommen, aber es nicht eingelöst. Ich war es leid, mich zum x-ten Mal auf eine Diskussion darüber einzulassen, dass ich keine chemischen Medikamente einnehmen wollte. Ich fand es rührend, wie der Orthopäde zu mir sagte: „Ich lasse Sie nicht im Regen stehen.“ Schon wegen dieser gutgemeinten Versicherung wollte ich ihn nicht verärgern.

Seinen Befundbericht, den ich als Kopie besitze, will ich schon wegen der Länge nicht wiedergeben. Außerdem wimmelte es nur so von medizinischen Fachausdrücken. Seine Untersuchung war sehr schmerzhaft. Manche beabsichtigten Drehbewegungen konnte er gar nicht erst überprüfen. Der Schürzengriff (die Erklärung liegt im Wort) wurde nicht erreicht. Die Blutsenkung war wieder ziemlich hoch (20/55), der CRP-Wert auch (53).

Bei mir wurden an diesem Tag alle Gelenke geröntgt. Bis ich aber auf dem Röntgentisch lag – das war wieder einmal eine riesige Anstrengung. Was bisher nur eine Vermutung des Kurarztes war, hatte ich nach der Untersuchung schwarz auf weiß. Alle meine Gelenke waren entzündet. Außerdem war in dem Befund (zusätzlich zu meinen Muskelschmerzen) noch vieles andere vertreten. Eine Stelle möchte ich jedoch wörtlich zitieren. Da steht: „Sehr ängstlich und unruhig wirkende Patientin, die durch zahlreiche Beschwerden sichtlich geplagt ist.“

Tatsächlich war es während meiner ganzen Krankheit so, dass ich, total verängstigt, nicht allein ins Sprechzimmer gehen konnte: Mi-

chael begleitete mich stets. Bei meinem Rückfall war es besonders schlimm. Es fehlte bloß noch, dass er mich an die Hand genommen hätte wie ein Kind. Kaum vorstellbar, dass ich einmal selbst Kranke gepflegt hatte! Meinen Mann, der wirklich sehr krank war, habe ich 15 Jahre lang gepflegt. Ich war immer ziemlich couragiert gewesen, und jetzt hilflos wie ein Kind! Ich war verzweifelt.
Jetzt begann das Spiel von vorn: Ich machte wieder dreimal täglich meine Ölspülungen, achtete noch mehr auf richtige Ernährung und nahm wieder Enzympräparate. Das alles machte ich etwa sechs Wochen lang. Mein Hausarzt verschrieb mir auch noch zwölfmal Krankengymnastik, die mich ein bisschen über die Runden brachte.
Total resigniert fuhren wir zu einem Homöopathen, weil ich ein starkes Zerschlagenheitsgefühl verspürte. Nachdem dieser eine Grippe oder eine Erkältung ausgeschlossen hatte, verschrieb er mir ein Medikament. Dieses homöopathische Mittel, Ruta, half mir phantastisch. Mein Zerschlagenheitsgefühl verschwand relativ schnell, und die Schmerzen wurden wieder etwas geringer.
Trotzdem gab es auch einige Lichtblicke, denn unvergesslich bleiben mir aus dieser schweren Zeit die schönen Stunden am Kamin meiner Freundin Birgit. Birgit und ich kennen uns jetzt genau 10 Jahre. Wir haben uns 1989, als mein Mann starb, durch eine gemeinsame Bekannte kennengelernt. Ich hatte damals viele Freunde, aber kaum einer konnte mich so gut und so herzlich trösten wie Birgit.

Ein Teufelskreis beginnt

Im Februar 1996 habe ich mein Haus verkauft. Danach quälten mich noch lange Alpträume. Wenn ich geglaubt hatte, die Trennung von meinem Haus überwunden zu haben, dann hatte ich mich gewaltig getäuscht. Jetzt, wo das Haus nicht mehr mir gehörte, wo es sozusagen „amtlich" war, ging das Heimweh erst richtig los. Meine Träume zeigten mir deutlich, was in mir vorging. In den folgenden zwei Jahren – etwa bis Anfang 1998 – träumte ich schätzungsweise zwanzigmal, wenn nicht noch öfter, einen Traum, der immer in fast gleicher Weise ablief:

> *Ich gehe mit Michael in mein Haus. Wir laufen überall herum und ich bin todunglücklich, dass es mir nicht mehr gehört. Es sind sehr viele Menschen in dem Haus, und ich frage die neuen Besitzer, ob sie mir das Haus zurückverkaufen, was sie verneinen. Sie schauen uns kalt, spöttisch und manchmal auch wütend an und beachten uns kaum.*

Meist wache ich nach diesem Traum durch mein Weinen auf. Ich glaube, man muss kein Psychologe sein, um diesen Traum zu deuten. Klar, dass ich Michael jedesmal am Morgen von diesen Träumen erzählte. Da meinte er einmal in seiner typischen, humorvollen Art: „Kein Wunder, dass die sauer sind, wenn du nachts einfach in ihr Haus gehst und dort herumläufst!"

Der Schmerz über den Verlust des Hauses verfolgte mich nachts noch im Schlaf, daran gab es keinen Zweifel, aber seit Anfang 1998 traten die Träume seltener auf. Warum gerade ab diesem Zeitpunkt, das kann ich nicht sagen. Vielleicht hatte ich einfach ausgelitten – es wurde ja auch höchste Zeit, denn ich konnte das alles bald nicht mehr ertragen. Dass alles zusammen meiner Krankheit nicht förderlich war, ist sicher jedem verständlich.

Mit den ersten wärmenden Sonnenstrahlen ging es mit meiner Gesundheit wieder etwas aufwärts, diesmal ohne größeren Zwischenfall.

Im Mai 1996 fuhren wir für drei Wochen an den Gardasee, weil wir vermuteten, dass es dort wärmer sei als in Deutschland. Ich kam mir tatsächlich vor wie in einem Wunderland, so schön war es dort. Außerdem habe ich mich gewundert, dass es mich noch gibt, dass wir wieder einigermaßen unbeschwert verreisen können und dass meine Schmerzen etwas geringer waren. Michael musste allerdings die ganze Hin- und Rückreise allein das Fahrzeug steuern, denn dazu war ich noch nicht in der Lage.
Hier in Italien geschah es zum ersten Mal, dass ich in Gedanken in meinem alten Haus spazierenging. Ich konnte es vor Sehnsucht nicht mehr aushalten. Es war ein Abend wie jeder andere. Michael war schon eingeschlafen, ich drehte mich jedoch von einer Seite auf die andere. Anstatt aber Schäfchen zu zählen, wie es viele Menschen tun, begab ich mich gedanklich auf die Reise nach Deutschland in mein Haus.

Zuerst öffne ich zaghaft die Haustür und betrete mit klopfendem Herzen die Marmortreppe. Leise, ganz leise schleiche ich hinauf, um die neuen Besitzer nicht aufzuwecken. Ich fühle das kalte Geländer unter meinen Händen. Danach betrete ich mit stockendem Atem die Wohnung. Alles ist still. Weiter geht meine Phantasiereise durch die kleine Küche, die mir schon immer viel zu eng war. Ich will die Küchentür öffnen, die zur Terrasse führt, aber sie klemmt.
‚Wie immer', denke ich und mache sie mit einem Ruck auf. Ahhh – ich atme frische Luft, die vom nahen Wald herüberweht und rieche den betörenden Duft unserer beiden Fliederbäumchen. Langsam gehe ich auf den Rhododendronbusch zu, der unweit der Küchentür steht, wo einst vor vielen Jahren Kater Morle zum ersten Mal aufgetaucht war. Das war an einem kalten Februarmorgen, es wehte ein eisiger Nordostwind ...
„Schau mal", sagte ich damals zu meinem Mann, der in der Küche beim Frühstück saß, „da sitzt ja eine fremde schwarze Katze, hast du die schon einmal hier gesehen?"
Mein kranker Mann kam, auf seinen Stock gestützt, auf die Terrasse und betrachtete sich unseren Besucher.

„Nee", sagte er dann lakonisch, „noch nie gesehen."
Morle, ein Kater, hatte mich vom ersten Augenblick an gerührt. Abgemagert, mit glanzlosem Fell und schwermütigen Augen schaute er mich unverwandt an.
„Der hat bestimmt kein Zuhause", sagte ich.
„Quatsch, er wird sich in unsere Minka verliebt haben", antwortete mein Mann belustigt. Minka war unsere damals vierjährige Katze, mit der Morle in den folgenden elf Jahren unzertrennlich zusammenlebte.
Sechs Wochen lang erschien Morle fast jeden Tag. Wenn er einmal einen oder mehrere Tage nicht kam, war ich sehr beunruhigt. Immer saß er an der gleichen Stelle unter dem Rhododendronbusch, unbeweglich wie eine Statue. Wenn ich ihm Futter hinstellte, wich er scheu zurück, bis er es eines Tages wohl vor Hunger nicht mehr aushielt und sich über den Napf hermachte. Anschließend putzte er sich zufrieden das Mäulchen. Dann schaute er mich an, und ich entdeckte in seinen braunen Augen einen fast vergessenen Funken Hoffnung.
Morle musste anscheinend sehr schlechte Erfahrungen mit Menschen gemacht haben, denn es dauerte fast zwei Jahre, bis er zum ersten Mal in unser Haus kam und da übernachtete: Das war ausgerechnet an Heiligabend. Für uns war das ein herrliches Weihnachtsgeschenk.

Meine Gedanken kehrten zurück in die Gegenwart. Ich denke, dass ich jetzt wieder zu meinem Michael muss, der auf mich wartet, und den ich so dringend brauche.

‚Machs gut, altes Haus', denke ich. ‚War schön, dich mal wiedergesehen zu haben. Morgen Abend komme ich dich vielleicht wieder besuchen. Du wirst immer mein Haus bleiben, egal, wie oft die Besitzer noch wechseln.'

Fast zwei Jahre lang habe ich mich viele Male auf diese Phantasiereisen in mein Haus begeben, und zeitgleich dazu verliefen meine Alpträume. Wenn meine Schmerzen mich besonders piesackten, dann tröstete ich mich am Abend mit einem Spaziergang in meinem Haus, und oft hatte ich dann in der folgenden Nacht einen meiner Alpträume.
Ich wusste, dass ich mich immer wieder selbst in diese Alpträume hineinmanövrierte, aber ich konnte meine Phantasiereisen nicht so ohne weiteres einstellen, denn es war zu verlockend, immer wieder in Gedanken in meinem Haus spazierengehen zu können. Es war wirklich ein Teufelskreis.

Und noch einmal zur Kur

Der Sommer 1996 verlief einigermaßen glimpflich. Ich habe aber nicht in meinen Bemühungen nachgelassen, meine Gesundheit zu verbessern. Wir hatten jetzt Herbst 1996. Meine Schmerzen wurden wieder stärker und ich beschloss, mir noch einmal eine Kur bewilligen zu lassen. Ich wollte aber nicht mehr zu meinem Naturarzt zurück und suchte eine Ärztin, die ebenfalls Naturheilkunde praktiziert. Sie empfahl mir, einmal eine Kneippkur zu machen, und ich willigte begeistert ein, denn diese Heilweise hatte mich schon lange interessiert. Gesagt, getan, wir fuhren im Herbst 1996 für drei Wochen in einen Kneipp-Kurort, was mir auch sehr gut bekam. Von der Kur selbst gibt es nicht viel zu berichten. Sie verlief, im Gegensatz zu der vorhergehenden, reibungslos. Ich hatte mich schon früher für dieses Heilverfahren interessiert und auch die Kaltwaschungen ausprobiert. Dennoch konnte ich noch einiges dazulernen. Hier die korrekte Durchführung einer Kaltwaschung:

Ich gebe kaltes Wasser in ein Becken oder eine Schüssel, dazu einen kräftigen Schuss Obstessig. Das vorgeschriebene Mengenverhältnis, Wasser und Obstessig, wie es in den Kneippbüchern angegeben wird, kann ich nicht vertragen. Mir wird davon leicht übel, deshalb nehme ich weniger Essig als vorgeschrieben. Dann nehme ich ein vierfach gefaltetes Leinentuch, möglichst grobporig, tauche es in das Wasser und wringe es so fest aus, dass es nicht mehr tropft. Damit reibe ich meinen Körper nach den Kneippschen Regeln ab. Empfehlenswert ist, sich danach auszuruhen. Nach solch einer Behandlung fühle ich mich immer sehr wohl und frisch.
Ich habe mir sagen lassen, dass ein vierfach gefaltetes Leinentuch der Kneippschen Ideologie entspringt: Dafür schneide ich ein Leinenhandtuch mitten durch. Eine Hälfte, zweimal gefaltet, ergibt vier Lagen und hat damit die richtige Größe.

Heute bin ich begeisterte Anhängerin der Kneippschen Anwendungen, und daran wird sich auch ganz bestimmt nichts ändern. Wenn man sich überlegt, mit wie wenigen Mitteln, die obendrein auch noch Spaß machen, die Gesundheit erhalten werden kann, dann wäre es doch unklug, keinen Gebrauch davon zu machen. Doch leider greifen viele aus Bequemlichkeit zu chemischen Medikamenten, Nebenwirkungen gratis.

Da ich zu der Zeit immer noch unter Verdauungsstörungen litt, empfahl mir der Kurarzt, Molke zu trinken. Wir besorgten uns dieses Getränk direkt in einer Molkerei, in der wir auch gleich Butter und Käse mitnahmen. Der Erfolg der Molkekur war „durchschlagend gut". Bei Verdauungsproblemen kann ich diese Kur bestens empfehlen.

Der Vollständigkeit halber möchte ich noch etwas über den Allgäuer Pfarrer und Naturheiler Sebastian Kneipp berichten. Es ist schon so viel geschrieben worden, dass ich mich kurz fassen kann. Er wurde 1821 in Stephansried geboren. Seine Kindheit war geprägt von Armut und viel Arbeit. In jungen Jahren erkrankte er an Lungentuberkulose. In dieser Zeit stieß er durch Zufall auf ein Büchlein von Dr. med. Hahn, der über die „wunderbare Heilkraft des Wassers" geschrieben hatte.

Kneipp erprobte diese „Heilkraft" an sich. An einem Wintertag lief er an die Donau, die eine gute halbe Stunde entfernt war. Er sprang unbekleidet für einige Sekunden hinein und zog sich, ohne sich abzutrocknen, wieder an. Dann eilte er schweißgebadet nach Hause. Das wiederholte er im Winter dreimal in der Woche. Diese Bäder von drei bis vier Sekunden im eisigen Wasser waren seine ersten Selbstversuche.

Die Bäder hatten folgende Wirkung: Müde und matt ging Kneipp zur Donau, gestärkt und erfrischt kam er zurück. Das brachte ihn zu der Überzeugung, dass das Wasser für ihn ein großartiges Heilmittel ist. Sein Gesundheitszustand besserte sich immer mehr, und die Ärzte, die ihn vor der Zulassung zur Priesterweihe sehr streng untersuchten, bescheinigten ihm vollkommene Gesundheit.

Mit 31 Jahren trat Kneipp ins Berufsleben ein. Neben seiner Arbeit als Seelsorger behandelte er unzählige Kranke mit Erfolg. Trotzdem,

oder gerade deshalb, ergingen unzählige Anzeigen und Anklagen gegen ihn.
Kneipp schrieb etliche Bücher, und es gibt heute in fast allen Ländern der Erde zahlreiche Kneipp-Vereine. Demnächst werden wir auch den weltbekannten Kneipp-Kurort Wörishofen aufsuchen, darauf freue ich mich ganz besonders.
Die meisten denken bei dem Name Kneipp nur an die Wasseranwendungen, aber die sind es nicht allein, die zu einer gesunden Lebensweise gehören. Kneipp hat in sein Konzept von einer gesundheitsorientierten Lebensweise alle verfügbaren heilenden Kräfte der Natur einbezogen.
Richtigen Erfolg bringt nur das Zusammenwirken der fünf Kneipp'schen Methoden, die Kneipp'schen Fundamente oder Säulen: Wasserheilkraft, Pflanzenheilkraft, vollwertige Ernährung, Bewegung an frischer Luft und eine natürliche Lebensordnung.
Ende 1996 war ich bis auf kleinere Wehwehchen fast schmerzfrei, und ich konnte mich beinahe bewegen wie in alten Zeiten. Wir gingen wieder tanzen, machten längere Wanderungen, und ich konnte endlich wieder selbst Auto fahren. Gegen Ende des Jahres war ich mit meinem Zustand so richtig zufrieden.

Qi Gong

Schon bevor ich 1995 krank wurde, hatte ich die Methode des „Qi Gong“ erlernt und habe es auch begeistert und intensiv praktiziert. Während meiner Krankheit war ich wegen der starken Schmerzen und der Steifheit dazu nicht fähig. Aber heute vergeht kaum ein Tag, an dem ich diese Übungen nicht durchführe. Es ist sehr wertvoll, wenn man jemanden hat, mit dem man die Übungen zusammen machen kann. Hilfreich ist auch eine Gruppe von Gleichgesinnten, die man zum Beispiel in Kursen an den Volkshochschulen findet.
Was ist Qi Gong? werden manche fragen. Es ist ein wesentlicher Bestandteil der chinesischen Medizin und hat eine jahrtausendalte Tradition. „Qi“ bezeichnet die Lebensenergie, mit der die Lebenskraft gemeint ist, die wir von Anfang unseres Lebens an in uns tragen. „Gong“ kann als „Arbeit“ übersetzt werden, und zusammen bedeutet Qi Gong die „Arbeit an der Lebensenergie“. Es ist eine Heilweise, die sich zusammensetzt aus Bewegung, Atmung und Meditation. Es gibt einfache und schwierigere, langsame und schnelle Qi Gong-Übungen, und meistens werden die Bewegungen mit unserem Atem koordiniert. Wir können durch regelmäßige Qi Gong-Übungen zu mehr Gelassenheit und Ruhe kommen, den Blutdruck normalisieren und die Beweglichkeit verbessern. Dies kann ich aus eigener Erfahrung bestätigen. Es heisst, dass Qi Gong zu einem gesunden langen Leben verhilft, weil es das gestörte Gleichgewicht behebt und die Harmonie des Menschen wieder herstellt. Qi Gong wirkt über die Meridiane, von denen ich schon berichtet habe. Wenn man in diese Methode einsteigen möchte, ist es sinnvoll, sich durch einschlägige Literatur kundig zu machen.
Qi Gong hilft bei verschiedenen Arten von Rheuma wie Arthritis, Beschwerden an den Schultern, Ellbogen und Handgelenken. Weiter gibt es Übungen gegen Rückenschmerzen und Beschwerden an der Lendenwirbelsäule, also etliche Übungen, die sich auf den rheumatischen Formenkreis beziehen. Es gibt fast kein Organ, bei dem Qi Gong keine heilende Wirkung hat.

Als ich ungefähr Ende 1996 die gröbsten Rheumaschmerzen hinter mir hatte, habe ich wieder sehr regelmäßig Qi Gong gemacht und dadurch meine Beweglichkeit verbessert. In hartnäckigen Fällen muss man mitunter ein ganzes Jahr Geduld haben, bis sich der Erfolg einstellt, so war es auch bei mir. Ende 1997, Anfang 1998 konnte ich mich wieder unbeschwert bewegen. Allein auf die Krankengymnastik wollte ich mich jedoch nicht verlassen. Hinzu kommt noch, dass es heutzutage nicht einfach ist, Krankengymnastik verordnet zu bekommen.
Eine meiner Lieblingsübungen heisst „Wie eine Windmühle kreisen“. Diese Übung mache ich zum Beispiel, wenn mein Blutdruck etwas niedrig ist. Dabei habe ich das Gefühl, mich auf einer bunten Blumenwiese im Kreise zu drehen, und der warme Sommerwind spielt mit meinen Haaren. Das hört sich vielleicht sehr pathetisch an, aber ich empfinde es so.
Gern würde ich die Durchführung dieser Übungen näher beschreiben, aber ohne entsprechendes Anschauungsmaterial hat das wenig Sinn. Bücher über Qi Gong sowie Bild- und Tonkassetten, mit denen man die Übungen erlernen kann, gibt es in jeder Buchhandlung.

Wieder bergauf und bergab

Meine Freude, dass es mir nach der zweiten Kur erheblich besser ging, bekam im Januar 1997 wieder einen Dämpfer. Durch die schweren Rheumajahre war es nicht verwunderlich, dass mein Immunsystem geschwächt war. Die Folge davon war, dass ich mir im Urlaub eine schwere Erkältung zuzog, wie ich sie noch nie im Leben hatte. Leider verschleppte ich sie auch noch. Zuhause hätte ich mich bestimmt ins Bett gelegt, aber ich wollte mir doch nicht den Harz-Urlaub verderben, auf den ich mich so sehr gefreut hatte. Diese Erkältung zeigte mir, dass mein Immunsystem noch lange nicht voll funktionierte.
Zu den täglichen Unternehmungen musste ich mich richtig zwingen. Obwohl wir herrliches Wetter hatten, wurde ich mit dem Frühstück nicht fertig, ich klebte regelrecht am Stuhl und musste mich gewaltsam aufraffen, um nach draußen zu gehen. Solange es irgend möglich war, sind wir jeden Tag unterwegs gewesen, und das drei Wochen lang. Diesen Leichtsinn werde ich bestimmt nicht wiederholen, das habe ich mir fest vorgenommen.
Schon während des Urlaubs bekam ich einen rapiden Blutdruckabfall. Vorher hatte ich einen Blutdruck so um 160/80 mm/Hg, jetzt war er abgesackt auf 80/60 mm/Hg, manchmal sogar noch weniger. Mein Puls war überhaupt nicht mehr zu spüren. Das Handgelenk fühlte sich an wie das einer Leiche. Meine Finger waren fast ständig schneeweiß, und die Fingerspitzen fühlten sich ohne Übertreibung an wie kleine Eiszapfen. Nur an der Halsschlagader war mein Puls noch zu messen, und der war sehr hoch: 120–130 Schläge pro Minute.
Ich bin am Urlaubsort in verschiedene Apotheken gegangen. Dort sagte man mir, dass die kalte Außentemperatur vielleicht den Blutdruckabfall verursacht haben könnte. Auf meine Frage, ob es besser sei, einen Arzt aufzusuchen, antworteten mir zwei Apotheker, dass ich mich freuen solle, einen so niedrigen Blutdruck zu haben, manche Menschen wären froh darüber.

Diese Antwort war meiner Meinung nach natürlich blödsinnig. Ich habe mir aber auf Empfehlung einer Apothekerin pflanzliche Herz-Kreislauf-Tropfen besorgt. Nach mehrmaliger Einnahme ging es mir etwas besser.
Wieder zu Hause angekommen, ging ich sogleich zu meinem neuen Hausarzt, bei dem ich mich gut aufgehoben fühle, weil er sich für seine Patienten sehr viel Zeit nimmt. Auch er konnte sich meinen plötzlichen Blutdruckabfall nicht mit Sicherheit erklären. Er vermutete jedoch, dass die verschleppte Erkältung und meine Ernährungsumstellung die Ursachen dafür sein könnten. Diese Erklärung war jedenfalls einleuchtender als die Mutmaßung mit der kalten Außentemperatur.
Wie dem auch sei, irgendetwas hatte meine Blutgefäße stark erweitert, und es wäre einfach gewesen, den Blutdruck mit chemischen Mitteln wieder in die Höhe zu treiben. Gerade das wollte ich aber auf keinen Fall. Stattdessen habe ich die pflanzlichen Herz-Kreislauf-Tropfen weiter eingenommen und viele Qi Gong-Übungen gemacht. Die Übung „Wie eine Windmühle kreisen" machte ich besonders oft, weil sie den Kreislauf in Schwung bringt.
Langsam, sehr langsam hat sich mein Blutdruck wieder normalisiert. Heute liegt er meistens bei 120/80 mm/Hg, und mein Puls bewegt sich so zwischen 80 und 90 Schlägen pro Minute. Ich bin damit sehr zufrieden, und auch mein Arzt ist angenehm überrascht.

Im Februar 1997 war ich seelisch wieder mal ganz unten. Es war genau ein Jahr her, seit ich mein Haus verkauft hatte, und ich litt immer noch sehr unter Heimweh. Die Versuchung, wie so oft wieder einen Gedanken-Spaziergang in meinem Haus zu machen, war zu verlockend. Es war schon fast wie eine Sucht. Mein Verstand sagte mir, dass ich das bleiben lassen solle, aber ich tat es immer wieder, fast ein ganzes Jahr lang.

Nach dem Blutdruckabfall ging es im März 1997 gleich weiter mit einer Schwitzattacke, die über drei Monate anhielt. Bis auf ganz we-

nige Ausnahmen habe ich jede Nacht geschwitzt und zwar so stark, dass es für mich schon beängstigend war. In der Nacht bin ich oft durch das ekelhafte Nässegefühl wach geworden, musste unbedingt die gesamte Wäsche wechseln und noch eine Wolldecke über die Matratze legen. Durch das heftige Schwitzen wurde die Matratze bis auf die Lattenroste durchgenässt. Morgens war ich oft müde und matt, aber auch irgendwie „erleichtert".
Warum ich so ins Schwitzen gekommen bin, war nicht mit Sicherheit zu sagen. Es konnte an dem vorhergehenden Blutdruckabfall gelegen haben, und meine starke Schilddrüsenüberfunktion und die verschleppte Erkältung haben meines Erachtens auch ihren Teil dazu beigetragen. Für mich wäre es eigentlich ein Wunder gewesen, wenn ich nach der Vorgeschichte diese Schwitzattacke nicht durchlebt hätte. Ein Arzt meinte, dass es auch die „Nachwehen" meiner Rheumakrankheit sein könnten.
Da durch starkes Schwitzen bekanntlich viele Mineralien ausgeschwemmt werden, traten bei mir nach einiger Zeit Waden- und Nackenkrämpfe auf. Mit der Einnahme von Magnesium bekam ich diese Krämpfe aber ziemlich schnell in den Griff. Aus dieser Zeit stammt auch die Angewohnheit, direkt nach dem Aufstehen Wasser zu trinken. Gleich nach dem Aufstehen, noch vor dem Frühstück, habe ich drei bis vier Gläser Wasser in mich hineingeschüttet, um dadurch den großen Flüssigkeitsverlust durch das Schwitzen schnell wieder aufzufüllen.
Mein Apotheker riet mir, es doch einmal mit Salbeitee zu versuchen. Diesen Rat befolgte ich gern, denn mittlerweile war ich ziemlich genervt und geschwächt. Ich trank einige Tassen dieses Tees am Tag und, ich konnte es kaum glauben, das Schwitzen hörte wirklich auf. Das ist nun über zwei Jahre her und bis heute ist es nicht wieder aufgetreten. Meine Matratze konnte ich danach wegwerfen, was sehr ärgerlich war, denn ich hatte sie mir erst kurz vor der Schwitzattacke gekauft. Die alte Matratze hatte ich Ende 1996 nach meiner Rheumakrankheit entsorgt, weil meiner Ansicht nach zu viel Krankhaftes darin steckte.

Die qualvollen Rheumajahre, der Blutdruckabfall, die Schwitzattacke, das alles hatte mich so gestresst, dass ich beschloss, es einmal mit einem Heilpraktiker zu versuchen, der Augendiagnose durchführt. Diese Erfahrung wollte ich schon früher einmal machen. Hätte ich nur die Finger davon gelassen! Schon das Milieu in der Praxis war nicht sehr vertrauenerweckend, und er auch nicht. Er kam mit Filzpantoffeln in die Praxis, die schon länger von keiner Putzfrau mehr betreten worden war. Außerdem verlangte er allen Ernstes, dass Michael draußen bleiben solle. Damit ist er aber bei uns nicht durchgekommen. Wir waren schon bedient und wollten eigentlich wieder gehen. Großzügig, wie er sich selbst bezeichnete, durfte Michael dann aber doch bleiben. Ich musste mich hinter ein Gerät setzen, ähnlich wie bei einem Augenarzt, er setzte sich davor, dann ging es los.

Als er mir dann aufzählte, was er alles in meinen Augen „gesehen" hatte, wunderten wir uns nur, dass ich überhaupt noch lebte. Nach seiner Aussage war kein einziges inneres Organ mehr gesund. Natürlich wollte er mir gleich eine Spritzen-Kur für 1 200 Mark verkaufen. Auf meine Frage, was das für Spritzen seien, antwortete er nur, dass wir das sowieso nicht verstünden. Wir baten uns Bedenkzeit aus; aber wir wussten natürlich sofort, dass wir nie davon Gebrauch machen würden. Dann blätterte er noch ein wenig in einem homöopathischen Buch, das ich auch besitze. Als ich das erwähnte, war er richtig geschockt. Wie konnten wir „Laien" auch ein solches Buch besitzen!

Zum Schluss bezahlten wir und verlangten eine Quittung. Er verweigerte sie mit der Begründung, dass wir am Ende der Behandlung für alles zusammen eine Quittung bekommen würden. Obwohl wir die Quittung mehrmals forderten, gab er sie uns nicht. Seine Argumente waren fadenscheinig. Natürlich war das Bauernfängerei und eine Frechheit obendrein.

Nach diesem „Erlebnis" ließ ich mich aber doch von meinem Arzt untersuchen. Natürlich stimmte nichts von all dem. Ja, solche Typen gibt es auch. Trotzdem werde ich mich hüten, alle Heilpraktiker in

einen Topf zu werfen. Es hat schon hoffnungslose Fälle gegeben, die von den Ärzten aufgegeben wurden, bei denen ein Heilpraktiker oder eine Kräuterfrau doch noch helfen konnte.
Früher war ich mehrmals mit meinem kranken Mann bei der bekannten Kräutermutter Grete Flach in Büdingen gewesen, die leider nicht mehr lebt. Meinem Mann konnte sie nicht mehr helfen, weil seine Krankheiten bereits zu weit fortgeschritten waren. Bei manchen Menschen soll sie aber wahre Wunder gewirkt haben, denn sie zeigte uns Dankesbriefe, auch von bekannten Persönlichkeiten und sogar von Ärzten.
Mir hatte sie damals einen Tipp gegeben, als sie merkte, dass ich durch die Krankheiten meines Mannes und die damit verbundene Pflege ziemlich überfordert und mit meinen Kräften am Ende war. Sie empfahl mir, mich im Frühjahr, wenn der Saft in die Bäume steigt, an einen solchen anzulehnen und ihn zu „umarmen". Das würde die Lebensenergie steigern und mir Kraft geben. In den letzten Jahren habe ich mich wieder an diesen Rat erinnert und ihn befolgt. Meine Lieblingsbäume sind die Birke und die Kastanie. Was liegt näher, als dass ich mir diese Bäume für meine neckischen Spielchen aussuchte?

Genervt und gestresst durch das ständige Auf und Ab packte mich im Sommer 1997 die Sehnsucht nach meiner alten Heimat. Sömmerda liegt inmitten des Thüringer Beckens. Ich fand es dort immer dann am schönsten, wenn im Juli und August die endlos scheinenden Kornfelder reif waren. Ich hatte unbewusst das Gefühl, dass diese Reise für meine Genesung wichtig sein könnte. Ich zeigte Michael alles, was mir früher lieb und vertraut war und zuallererst natürlich den Garten meiner Oma. Wir konnten nicht hinein, weil er jetzt anderen Leuten gehörte. Von Erinnerungen überwältigt lehnte ich mich an die Zaunlatten und heulte laut los. Was die Passanten dachten, war mir egal.
Besonders berührt hat mich das Wiedersehen mit meiner Freundin Romy aus Kinder- und Jugendtagen, es hat mich seelisch sehr aufgerichtet. Wir hatten vom ersten Augenblick an das Gefühl, als hätten

wir uns nie getrennt. Da war nicht die Spur von Entfremdung. Romy wohnte damals auch im Haus meiner Oma. Sie hatte noch viele Einzelheiten im Gedächtnis, so auch den Zwischenfall mit meiner Oma und dem amputierten Finger.
Die wunderschönen Tage in Thüringen neigten sich viel zu schnell ihrem Ende zu, und wir fuhren wieder nach Hause. Hier musste ich noch ein paar Kränkeleien durchstehen. Es wäre ja auch zu schön gewesen. Offenbar sollte es mir nicht zu gut gehen.
Mein Darm, der mir eigentlich noch nie ernstliche Schwierigkeiten bereitet hatte, wurde plötzlich krank. Entweder war mein Immunsystem, das bekanntlich im Darm sitzt, immer noch geschwächt, oder ich hatte mir durch eine Portion Eis aus dem Supermarkt einen Schaden geholt. Auf jeden Fall hatte ich mir gründlich den Darm verdorben, denn ich bekam starken Durchfall.
Anfangs habe ich nichts dagegen unternommen, weil ich von Tag zu Tag hoffte, dass dieses Übel von allein wieder verschwinden würde. Aber ich hatte mich getäuscht. Als der Durchfall nach vier Wochen noch immer nicht vorüber war, habe ich zum ersten Mal Heilerde genommen. Es hört sich vielleicht unglaubhaft an, aber schon nach zweimaliger Einnahme dieser Heilerde war mein Stuhl wieder ziemlich normal. Und nach einer knappen Woche war alles wieder in Ordnung.
Als die Darmgeschichte Anfang September vorüber war, ging es mir ans „Leder". Ich bekam wie aus heiterem Himmel einen Hautausschlag. Ob es eine Allergie war oder eine Folge der vorhergegangenen Erkrankungen, kann ich nicht sagen.
Mein Arzt meinte dazu, dass die ganzen Kränkeleien im Jahr 1997 sehr wahrscheinlich auf einer Immunschwäche beruhten, die wiederum auf die qualvollen Rheumajahre zurückgeführt werden könne. Wie sollte das bloß weitergehen?
Aber es ging weiter, wie immer: Ich betupfte die quaddelartigen roten Flecken, die urplötzlich mit einem Juckreiz auftraten, mehrmals am Tage mit Eigenurin. Manchmal nahm ich dafür auch Obstessig oder Franzbranntwein, dem Arnika zugesetzt war. Alles

zusammen muss mir wohl geholfen haben, denn nach etwa sechs Wochen hatte ich endlich Ruhe, der Ausschlag war und blieb verschwunden.
Jetzt war es Ende 1997, und ich war mächtig gespannt, was noch alles passieren würde. Aber es tat sich nichts mehr. Ich war anscheinend auskuriert.

Ein Genie aus England

Ende Juli 1995 konnte ich eines Morgens nur mit Müh und Not aufstehen, weil mir unheimlich schwindlig war. In meinem Kopf drehte es sich fast pausenlos – es war furchtbar. Den ganzen Vormittag verbrachte ich damit, mich von einem Stuhl auf den anderen zu schleppen oder mich zwischendurch immer einmal hinzulegen. Ohne mich irgendwo festzuhalten, konnte ich keinen Schritt gehen. Ich war leichenblass und bekam starke Angstzustände. In dieser krassen Form hatte ich so etwas noch nie erlebt. Dann fiel ich im Bad auch noch hin und hatte anschließend etliche blaue Flecken am Körper.

„Jetzt ist der Ofen wohl ganz aus", dachte ich verzweifelt und rappelte mich schwerfällig wieder vom Boden auf.

Ich bat Michael, mich zu meinem Naturarzt zu fahren. Diesmal verordnete dieser mir die „Notfalltropfen" von Dr. Bach. Dann meinte er noch, diese Schwindelanfälle hingen nicht direkt mit meinem Rheuma zusammen, sondern seien Folge meiner augenblicklichen Situation, er meinte damit den Verkauf meines Hauses. Er erklärte mir, dass es sich oft in derartigen Schwindelanfällen äussere, wenn jemand „den Boden unter den Füßen verloren habe". Dieser Vergleich hätte nicht treffender sein können.

Der Arzt empfahl mir, stündlich nur einen der genannten Tropfen unter oder auf die Zunge zu legen, was ich auch befolgte. Meine Schwindelanfälle wurden von Stunde zu Stunde geringer; es war wie ein Wunder. Ich hätte so etwas nicht für möglich gehalten, so elend, wie ich mich noch am Vormittag gefühlt hatte.

Der Arzt riet mir sogar, am Nachmittag einen kleinen Spaziergang zu machen – natürlich in Begleitung – und die Notfalltropfen mitzunehmen. Am Abend konnte ich schon wieder alleine laufen, zwar sehr langsam und wackelig, aber es ging. Seit diesem Tag habe ich nie wieder diese Schwindelanfälle gehabt.

Das war meine erste Bekanntschaft mit den Bachblüten, die leider nicht von allen Ärzten anerkannt werden, weil ihre Wirkung (noch)

nicht wissenschaftlich bewiesen ist. Nur wenn die Wissenschaft die „Wirkungsweise" einer Behandlung kennt, ist für sie die Wirksamkeit bewiesen, Heilerfolge (auch in großer Zahl) genügen ihr nicht.
Während meiner ganzen Rheumajahre, in denen ich fast ständig von zahlreichen Angstzuständen geplagt wurde, habe ich Bachblüten eingenommen. Ich konnte damit meine Ängste, wenn auch nicht völlig beseitigen, so doch wenigstens dämpfen. Ich hatte in dieser Zeit Angst, nicht wieder gesund zu werden, Angst vor der nächsten schlaflosen Nacht, Angst vor manchen Untersuchungen, Angst, unter Menschen zu gehen und Angst ... Angst ... Angst ... Schrecklich, wenn die Angst in einem hochkriecht wie eine giftige Natter, sich hinter dem Brustbein festsetzt und nicht mehr von der Stelle zu weichen scheint!
Ich habe meine Ängste nicht an die große Glocke gehängt, aber ich habe sie mir eingestanden, nicht verdrängt, und das fand ich sehr wichtig. Mit den Ängsten ist es nämlich wie mit dem sprichwörtlichen Gesindel, das fortgejagt wird. Es kommt dann meistens durch die Hintertür wieder herein.
Ich habe mich mit meinen Ängsten auseinandergesetzt und mir bewusst gemacht, dass Angst eine ganz normale menschliche Regung ist. Angst hat in manchen Situationen eine Schutzfunktion; und nur, wenn die Angst übermächtig wird, muss etwas dagegen getan werden. Als das bei mir der Fall war, als ich mir nicht mehr zu helfen wusste, habe ich zu den Bachblüten gegriffen.
Ganz spezielle Bachblüten gegen Ängste sind:

Nummer 2 = Aspen (Espe oder Zitterpappel)
hilfreich bei vagen Ängsten, die man nicht näher beschreiben kann,
Nummer 20 = Mimulus (Gauklerblume)
wird eingenommen bei übertriebener Ängstlichkeit vor ganz konkreten Dingen,
Nummer 26 = Rock Rose (Gelbes Sonnenröschen)
für hochakute Angstzustände, die objektiv begründet sind.

Mit einer einmaligen Einnahme ist es allerdings nicht getan. Ich habe diese Bachblüten viermal täglich (jeweils 4 Tropfen) eingenommen, und das über Jahre.
Seit meiner positiven Erfahrung mit den Notfalltropfen habe ich diese immer bei mir, vielleicht kann ich auch mal jemandem damit helfen. Ich achte aber genau darauf, dass ich in der Apotheke nur „Original-Bachblüten" bekomme und keine Nachahmungen, das ist für mich sehr wichtig. Ich habe jetzt eine bestimmte Apotheke, in der ich meine Bachblüten hole. Sicherheitshalber habe ich deshalb einmal im „Bach-Centre" in Hamburg angerufen und mir bestätigen lassen, dass meine Apotheke ihr Material von dort bezieht.
Für alle diejenigen, die Bachblüten noch nicht kennen, hier eine kurze Erklärung: Es gab in England einen bekannten Arzt und Bakteriologen namens Bach. Er lebte von 1886 bis 1936. Als Anhänger der Homöopathie war Dr. Bach auch der Meinung, dass die meisten Krankheiten seelische Ursachen haben. Er machte sich auf die Suche nach einem Weg, diese Krankheiten auch über die Seele zu heilen
Die Seele wird durch Bachblüten positiv beeinflusst und kann gesunden. Das wirkt sich wiederum positiv auf den Körper aus:
Wenn ich zum Beispiel von Ängsten geplagt bin und mich dadurch verkrampfe, kann dies auf die Dauer nicht gut für den Körper sein. Es ist gewissermaßen eine Wechselwirkung zwischen Körper und Seele.
Dr. Bach suchte und fand nach und nach 38 Pflanzen, aus denen er eine Blütenessenz herstellte, wobei er in jeder Pflanze Eigenschaften entdeckte, bestimmte negative Seelenzustände des Menschen positiv zu beeinflussen. Die jeweils benötigte Mischung kann von einem Arzt, aber auch von jedem selbst ausgewählt werden. Der Apotheker, der die Essenzen aller 38 Pflanzen besitzt, stellt daraus die gewünschte Mischung zusammen.
Auch heute noch verwende ich Bachblüten, und nicht nur die Blüten gegen Ängste. Seit geraumer Zeit stelle ich fest, dass ich mich ganz auf mein Gefühl verlassen kann, wenn ich mir eine Mischung zusammenstellen lasse.

Mitunter kommt es vor, dass ich nach einiger Zeit vergesse, die Tropfen einzunehmen. Da kam mir der Gedanke, dass ich diese Mischung vielleicht nicht mehr benötige, sondern eine andere Zusammenstellung. Nach einigen Tagen der beginnenden „Vergesslichkeit" stelle ich mir dann eine neue Mischung zusammen oder pausiere eine Zeitlang. Die Bachblüten möchte ich jedenfalls nicht mehr missen.

Ein kostbares Geschenk

Weihnachten 1993 bekam ich von Elke – das ist Michaels Tochter – acht hübsche Edelsteine geschenkt, über die ich mich sehr gefreut habe. Elke, die mit ihrer Familie etwa vier Kilometer von uns entfernt wohnt, hat immer solch nette Sachen parat. Ihr Geschenk veranlasste mich dazu, mich näher mit diesen Steinen zu befassen. Ich nahm sie in die Hand und wartete gespannt, was sie mir zu sagen hätten. Es waren acht verschiedene Steine. Sie erzählte mir, dass die „acht" in der Numerologie für Unendlichkeit, Lebensfreude und Harmonie steht. Ich kann nicht sagen, welcher Stein mir am besten gefallen hat, denn einer war schöner als der andere. Nun besorgte ich mir einige Bücher, in denen die Heilwirkung der Steine beschrieben wird. Dem Bernstein zum Beispiel sagt man nach, dass er Schmerzen beseitigen oder zumindest lindern kann.

Und davon konnte ich mich auch prompt überzeugen. Im Frühjahr 1994 musste ich mich nämlich einer komplizierten Wurzelbehandlung unterziehen. Wieder zu Hause, ließ die Betäubung allmählich nach, und dann ging es los – aber wie! Zum Glück erinnerte ich mich an den Bernstein und wollte die wundersame Wirkung sofort ausprobieren. Da ich kein Bernsteinstück zur Hand hatte, nahm ich meine Bernsteinkette und rieb sie etwa zwei Minuten lang gegen den Unterkiefer an der Stelle, an der der Eingriff gemacht worden war. Ich war mächtig gespannt. Und siehe da – der Schmerz ließ wahrhaftig nach, er war so gut wie nicht mehr zu spüren! Diese „Behandlung" musste ich allerdings stündlich wiederholen.

Ermutigt durch den Erfolg bei der Zahnbehandlung probierte ich den Bernstein während meiner Rheumazeit an meinen schmerzenden Gliedern aus. Aber ich war enttäuscht, die Schmerzen verschwanden nicht. Bei derart starken Schmerzen, noch dazu am ganzen Körper, ist wohl auch ein Bernstein machtlos.

Diese von mir gemachte negative Erfahrung sollte aber niemanden entmutigen. Machen Sie es so wie ich, lassen Sie sich nicht unterkriegen, probieren Sie!

Es gibt übrigens noch eine andere Möglichkeit, mit Bernstein zu experimentieren: Dazu wird ein Stück Bernstein abends in ein Glas Wasser gelegt, und die Flüssigkeit morgens auf nüchternen Magen getrunken. Das soll bei Rheuma helfen. Das Wörtchen „soll" hat meistens einen zweifelnden Beigeschmack, doch für Heilerfolge gibt es eben keine Garantie. Ich würde mich ziemlich in die Nesseln setzen, wenn ich behaupten würde, dass dieses oder jenes garantiert hilft.
Ich habe aber trotzdem die ganze Rheumazeit über fast ständig eine Halskette und zwei Armbändchen aus Bernstein getragen. Eine Frau, die sich auf Edelsteine spezialisiert hat, meinte zu mir, dass dieses Tragen mit ziemlicher Wahrscheinlichkeit meinen Heilerfolg mit unterstützt hat, auch wenn ich das nicht sofort bemerkt habe.

„Angst ist der Anfang der Finsternis", sagt ein chinesisches Sprichwort, deshalb versuche ich meine Ängste mit allen mir zur Verfügung stehenden Mitteln zu bekämpfen, wozu auch die Steine gehören.
Folgende Steine können helfen, Ängste und Depressionen zu besänftigen: Malachit, Rhodonit, Amethyst, Turmalin, Türkis und Jade. Diese Steine gibt es als Anhänger und als Handschmeichler (dieser Name spricht für sich). Bei mir haben sich Ängste und Depressionen regelmäßig abgewechselt, und ich habe deshalb zum Beispiel beim Fernsehen ständig einen, meistens sogar zwei Steine in den Händen gehalten. Jadekugeln haben es mir besonders angetan. Ich werde schon nach etwa drei Minuten auffallend ruhiger, wenn ich sie in die Hände nehme. Ein guter Stein, um Angst zu bekämpfen, ist auch der Feuerstein. Auf der Insel Rügen gibt es ein Gebiet mit großen Feuersteinfeldern; von dort habe ich mir einmal einige dieser „Helfer" mitgebracht.
Die Edelsteintherapie ist sehr alt; auch Hildegard von Bingen hat schon mit Edelsteinen behandelt. Die Heilkraft der Steine beruht nach Meinung von Steinexperten auf Schwingungen der Kristalle, aus denen die Steine aufgebaut sind. Jeder Stein besitzt seine eige-

ne Farbschwingung. Damit werden Energiezentren unterstützt, Energieblockaden können sich lösen, und die Lebensenergie kann besser fließen. Das bedeutet, dass die Energie, die diese Steine ausstrahlen, direkt in unseren feinstofflichen Organismus übergeht. Das Wissen über die Heilkraft der Steine beruht auf überlieferten Erfahrungsberichten.

Mein Lebensgefährte – mein guter Geist

Ohne meinen lieben Michael wäre ich nicht wieder gesund geworden. Diesen Mann hat mir zur rechten Zeit der Himmel geschickt. Ich kann mir nicht vorstellen, oder besser gesagt, ich will mir nicht vorstellen, was ohne ihn aus mir geworden wäre.

Anfang 1992, knapp drei Jahre nach dem Tod meines Mannes, lernten wir uns in einem Theaterseminar kennen, das uns auf Theaterbesuche vorbereitete. In einem Klassenzimmer der hiesigen Volkshochschule saß er zwei Reihen vor mir. Neben ihm saß eine Frau – etwas rundlich und leicht ergraut –, passend zu seinem Alter, wie ich von hinten feststellen konnte. Ich war der Meinung, dass die beiden zusammengehören und war darüber aus mir damals unerklärlichen Gründen ein bisschen enttäuscht.

Hätte ich die erste Stunde nicht wegen besonders schlechter Wetterverhältnisse versäumt, wäre ich besser informiert gewesen, dann wäre mir diese „Enttäuschung“ erspart geblieben. Ich überstand diese Unterrichtsstunde mit innerer Unruhe und leichten Magenschmerzen. Aber als zum Schluss alle aufstanden und die beiden auseinandergingen wie zwei Fremde, da verschwanden augenblicklich meine Magenschmerzen. Verrückt, was? Aber so war es nun einmal.

Das erste Mal hatten wir so richtig miteinander zu tun, als in der Gruppe Fahrgemeinschaften für die Theaterbesuche gebildet wurden. Ich fragte den Kursleiter, ob er jemanden wisse, bei dem ich mitfahren könne. Er erklärte, dass Herr Jasinski zufällig noch einen Platz in seinem Auto freihabe. Ich dachte: „Das ist ja irre ... fast wie in einem Film.“

Wir verstanden uns auf Anhieb, ja, es war so, als ob wir uns schon eine Ewigkeit kannten. Seine Frau war ebenfalls einige Jahre zuvor gestorben, und er hatte sie in letzter Zeit gepflegt. Von Beruf war er Polizeibeamter und unter anderem in den siebziger Jahren am Aufbau der Jugendverkehrsschulen in Süddeutschland beteiligt. Inzwischen befindet er sich im Ruhestand. Worauf er stolz sein kann, (was ihm eigent-

lich gar nicht liegt), das ist seine Laufbahn als Segelflieger. Bereits im Zweiten Weltkrieg hat er Segelfluglehrer ausgebildet und nach dem Krieg den Gelnhäuser Flugplatz gegründet.
Wir verlebten nach unserem Kennenlernen eine gute Zeit miteinander. Sie war und ist noch ausgefüllt mit Theaterbesuchen und vielen Reisen, denn besonders das Reisen war in unseren vorhergehenden Verbindungen wegen der Krankheiten unserer Ehepartner viel zu kurz gekommen.
Nachdem wir uns ein Jahr kannten, wurde uns klar, dass wir künftig zusammen leben wollten, und so zog Michael Anfang 1993 zu mir in mein Haus.
Noch heute nenne ich ihn manchmal scherzhaft „Mein guter Geist“. Diesen Namen hat er sich einmal selbst gegeben, nicht ahnend, dass er keinen besseren hätte finden können: Am Anfang unseres Kennenlernens rief er öfter bei mir an, auch wenn keine Theaterbesuche auf dem Programm standen. Gründe dafür fand er genug: Einmal waren es die Erdbeeren, die ich mir in seinem Garten pflücken könne, wenn ich wollte ... Ich wollte! Ein anderes Mal sagte er mir ein Rezept durch, das ich unbedingt ausprobieren müsse. Und bei einem solchen Telefonat meldete er sich einmal mit den Worten: „Hier ist Ihr guter Geist aus Roth.“
Michael hat sich während meiner Krankheit niemals über unser Los beklagt. Nie ist ihm ein Arztbesuch mit mir zuviel gewesen. Wichtig an seinem Verhalten war mir seine sprichwörtliche Engelsgeduld. Bei der Beurteilung der Ärzte waren wir uns immer einig, aber bei den Therapien, die ich ausprobierte, manchmal nicht. Er meinte mehrmals, dass ich nicht zu viel machen solle, um meinen kranken Körper nicht zu überfordern. Aber ich habe mich doch an jeden Strohhalm geklammert!
Unsere Beziehung hat sich nicht zuletzt durch meine Krankheit gefestigt. Er sagt mir heute noch oft, dass er nie an meiner Genesung gezweifelt hat. Trotzdem war er in großer Sorge um mich.
Früher hat Michael manchmal gemault, wenn ich ihn anspornte, etwas für seine Gesundheit zu tun. Ob es nun Qi Gong war, das viele

Trinken oder irgend etwas anderes. Zuerst hatte ich meinen Kampf, bis ich ihn soweit hatte. Jetzt ist er froh, denn heute strotzt er nur so vor Gesundheit und wird von den meisten zehn Jahre jünger geschätzt. Jetzt will er auch so weitermachen, und ich bin darüber sehr froh. So habe ich doch auf diese Weise ein bisschen Dank abgestattet für seine aufopfernde Hilfe während meiner Krankheit.

Homöopathie

Die Homöopathie hat mich während meiner ganzen Leidenszeit treu begleitet. Ich bin von dieser Heilmethode überzeugt, weil sie sich seit zweihundert Jahren bewährt hat. Sie hat deshalb in allen Ländern der Erde zahlreiche Anhänger, trotz mancher Anfechtungen.
Begründer der Homöopathie war der deutsche Arzt Dr. Samuel Hahnemann, ein bedeutender Chemiker und Apotheker. Er wurde im Jahre 1755 in Meißen (Sachsen) geboren und starb 1843 in Paris.
Das Wort „Homöopathie“ stammt aus dem Griechischen und bedeutet soviel wie „ähnliches Leiden“. Die Methode, mit der die Heilung erzielt wird, erscheint zunächst paradox, denn die Krankheit wird mit einem Mittel geheilt, die beim Gesunden eine ähnliche Krankheit erzeugen würde. Hahnemanns Ähnlichkeitsregel „similia similibus curentur“ („Ähnliches möge mit Ähnlichem geheilt werden“) ist das wichtigste Prinzip der Homöopathie.
Angefangen hat es mit dem in der Medizingeschichte eingegangenen Chinarinden-Selbstversuch. Dabei stellte Dr. Hahnemann an sich Symptome fest, wie sie bei der Malaria auftreten. Aus diesen und vielen anderen Selbstversuchen kam er zu der Schlussfolgerung, dass eine Arznei für den Kranken dann richtig ist, wenn sie am Gesunden die Symptome hervorruft, an denen der Patient leidet. Das angewendete Mittel „simuliert“ die echte Krankheit und erzeugt so eine Arzneimittelkrankheit. Das Mittel bekommt damit Zugang zu den verschütteten Abwehrkräften des kranken Körpers und aktiviert so den Heilungsprozess. Dies ist auch eines der Rätsel in der Homöopathie und klingt zunächst widersinnig. Aber die Heilerfolge bestätigen immer wieder deren Richtigkeit.
Zur Herstellung homöopathischer Arzneien werden mineralische, pflanzliche und tierische Substanzen verwendet. Diese durchlaufen während vieler Zubereitungsstufen einen Umwandlungsprozess. In einem speziellen Verdünnungsverfahren mit Alkohol, dem sogenannten Potenzieren, wird erreicht, dass am Ende des Verfahrens fast gar nichts mehr vom Ausgangsstoff nachgewiesen werden kann.

Dafür ein Beispiel: In einem Fläschchen Belladonna D 12 (wird unter anderem bei fieberhaften Zuständen verabreicht) ist so viel von der Urtinktur enthalten, als wäre davon ein Tropfen in den Bodensee gefallen. Danach hätte man den Bodensee kräftig durchgerührt und ein Fläschchen mit dem Wasser gefüllt.
Es ist eigentlich nicht vorstellbar, dass diese Medizin heilen soll, und doch ist es so. Da kommen wir gleich zu dem zweiten, scheinbaren Paradoxon in der Homöopathie. Je mehr eine Urtinktur „verwässert", also verdünnt wird, desto stärker ist die Heilwirkung.
Bei der Anwendung dieser Mittel kommt es häufig zu einer Erstverschlimmerung, einer Heilreaktion, die im Normalfall jedoch bald nachlässt. Auch homöopathisch zubereitetes Bienengift ist ein erprobtes Heilmittel bei Rheuma.
Die Homöopathie erhebt keinen Anspruch auf Alleingültigkeit; aber sie ist inzwischen ein wesentlicher Bestandteil der Gesamtmedizin.

Was ich sonst noch alles mache

Die folgenden Maßnahmen haben mir bei der Überwindung meiner Rheumakrankheit wesentlich geholfen:
Bei Muskel- und Weichteilrheumatismus hilft Propolis überraschend gut. Propolis ist das Kittharz der Bienen. Es kann innerlich eingenommen, aber auch äußerlich als Salbe aufgetragen werden. Propolis-Präparate können in Apotheken oder bei Imkern erworben werden. Ich habe Propolis mit gutem Erfolg eingenommen.
Bei Gelenkrheuma sollte Propolissalbe mehrmals täglich dick auf die Gelenke aufgetragen werden. Auch bei der Behandlung mit Propolis kann es wie bei anderen Heilverfahren vorübergehend zu stärkeren Schmerzen kommen. Dies ist ein Zeichen, dass sich der Körper intensiv mit der Krankheit auseinandersetzt.
Ein absolutes „Muss" war der tägliche Spaziergang in den nahegelegenen Wald. Täglich heißt bei Wind und Wetter, und zwar mindestens eine Stunde. Ich habe mich so daran gewöhnt, dass ich es einfach nicht aushalte, den ganzen Tag in der Wohnung zu hocken. Auch wenn wir einmal nur eine halbe Stunde Zeit haben – raus müssen wir. Als es mir in den letzten Jahren so schlecht ging, habe ich mich trotzdem überwunden, in die Natur zu gehen, was ganz sicher mit zu meiner Genesung beigetragen hat. Wir richten es möglichst so ein, dass wir zunächst alles andere erledigen und der Spaziergang am Schluss folgt. Denn was nutzt es, wenn die gute Luft in der Lunge und der frische Sauerstoff im Körper anschließend wieder durch Autoabgase oder Kaufhausluft „verdorben" wird. Einmal in der Woche wird auch zünftig gewandert, oder wir machen eine Fahrradtour.
Weil ich ab und zu Probleme mit meinen Kniegelenken hatte, habe ich mir eine ganz einfache Bewegungstherapie angeeignet: Das Unterschenkelbaumeln. Schon vor meiner Rheumazeit habe ich es regelmäßig und mit Erfolg durchgeführt. Das Unterschenkelbaumeln ist ganz einfach:

Ich setze mich auf einen Tisch, der so hoch sein muss, dass die Beine den Boden nicht berühren. Dann bewege ich die Unterschenkel hin und her oder lasse sie einfach baumeln. Dabei werden die Gelenke entlastet, besser durchblutet und bleiben beweglicher. Meine Knieschmerzen, die ich früher oft hatte, sind verschwunden. Diese Methode funktioniert natürlich nicht bei ernsten Kniebeschwerden.

Während meiner Rheumazeit habe ich auch mit den Unterschenkeln gebaumelt, wenn auch lustlos. So habe ich wenigstens verhindert, dass meine Knie auch noch steif wurden.

Weil sich der Mensch im Schlaf regeneriert, halte ich den folgenden Abschnitt für sehr wichtig:
Die massiven Schlafstörungen, die ich während meiner Rheumazeit hatte, bestehen zwar nicht mehr, aber Einschlafstörungen habe ich sehr oft. Eigentlich müsste ich schreiben „hatte", denn es ist mir gelungen, auch diese einigermaßen in den Griff zu bekommen.
In einem Buch der Grete Flach habe ich von einer verblüffenden Methode gelesen und diese mit Erfolg ausprobiert: Vor dem Zubettgehen die Haare kämmen! Warum es wirken soll, hat sie leider nicht erklärt. Vielleicht ist es so, dass man mit dem Kamm den Ballast des Tages abstreift und so über das Unterbewusstsein das Schlafzentrum beeinflusst wird?
Außerdem habe ich neben meinem Kopfkissen einen kleinen Beutel mit Hopfen liegen. Es ist bekannt, dass Hopfen eine beruhigende Wirkung ausübt. Ich experimentiere auch mit Melisse, Passionsblume und Lavendel. Was bei dem Einzelnen am besten hilft, kann man nur durch Probieren herausfinden.

Ich bin ein Morgenmuffel, und damit ich besser in Schwung komme, mache ich im Bett das bekannte „Radfahren". Falls jemand diese Übung noch nicht kennt:

Man liegt auf dem Rücken und macht mit den Beinen die gleichen Bewegungen wie beim Radfahren. Hundert „Umdrehungen" müssen es bei mir schon sein, sonst ist es wirkungslos. Außerdem tut man dabei für seine Venen noch etwas Gutes.

Anschließend bleibe ich noch ein Weilchen auf der Bettkante sitzen, weil ich nicht gleich aufstehen kann. Damit ich dabei nicht untätig bin, klopfe ich einige Male mit den Fingerspitzen gegen das Brustbein. Das soll die Thymusdrüse, die darunter sitzt, aktivieren. Ob's stimmt? Kann ja sein. Schaden kann es nicht, schließlich werden in dieser Drüse die für das Abwehrsystem so wichtigen „T-Zellen" gebildet.

Seit meiner Kindheit bin ich, von kurzen Unterbrechungen abgesehen, von Haustieren umgeben. In mehreren Studien wurde nachgewiesen, dass sich die Anwesenheit von Tieren und der Umgang mit ihnen wohltuend auf kranke, einsame und alte Menschen auswirkt. Diese Erkenntnis macht man sich allmählich schon in Kinder- und Altenheimen zunutze.
Seit kurzer Zeit können wir uns selbst kein Haustier mehr halten. Dafür kommen ständig einige Katzen unserer Nachbarn zu Besuch und werden von uns gefüttert. Wir gehen auch ab und zu in das nächste Tierheim und führen dort herrenlose Hunde aus. Dies machen wir sogar im Urlaub und haben dabei viel Freude, denn die Hunde aus den Tierheimen sind dafür besonders dankbar. Für Menschen, die kein Haustier halten können, ist dies eine schöne Alternative. Tiere sind Freunde des Menschen, sie erweisen uns zahlreiche Dienste, und wir sollten sie als Mitgeschöpfe achten. Ein Leben ohne Tiere können wir uns heute nicht mehr vorstellen.

In unserer Nähe gibt es ein Café, das ein gläsernes Dach in Form einer großen Pyramide besitzt. Als wir das erste Mal unter dem Dach saßen, verspürte ich ein nie gekanntes Gefühl. Nach etwa einer halben Stunde war ich wie umgekrempelt. Ich fühlte in mir eine Ruhe,

Kraft und Beschwingtheit, die mich total begeisterte. Als wir das Café verließen, war ich so ausgeruht, als ob ich gerade zwei Stunden geschlafen hätte.
Beim zweiten Besuch war es wieder so, und ich konnte mir das nicht erklären. An der gepflegten Atmosphäre und dem guten Kaffee allein konnte es doch nicht gelegen haben, dachten wir. In der folgenden Zeit zog es mich immer wieder in dieses Café, und eines Tages ... Natürlich! Die Pyramide war's, die mich so magisch anzog und diese erstaunliche Wirkung auf mich ausübte. Jeder Besuch war für mich ein Erlebnis. In dem besagten Café geht es keineswegs immer ruhig und beschaulich zu – im Gegenteil – es herrscht dort manchmal ein hektischer Betrieb. Also konnte ich auch nicht annehmen, dass sich die Ruhe in diesem Café auf mich übertragen hatte.
Jetzt beschäftigte ich mich näher mit der Wirkung von Pyramiden und las, dass diese verblüffende Wirkungen haben. Forscher wiesen nach, dass stumpfe Rasierklingen durch Aufbewahren in einem Pyramidenmodell innerhalb kurzer Zeit scharf wurden. Organische Stoffe, in einem solchen Modell aufbewahrt, gingen nicht in Verwesung über. Auf Menschen soll die Pyramide, wie ich ja selbst feststellen konnte, eine verblüffend positive Wirkung haben. Forscher erklären diese Wirkung so, dass Energie aus dem Kosmos in einer Pyramide gebündelt und verstärkt wird, es entsteht ein besonderes Kraftfeld.
Seit Anfang 1998 sind wir regelmäßig Gäste in diesem Pyramiden-Café, und mir ist nachträglich aufgefallen, dass ich seit 1998 nicht mehr kränklich war. Sicher habe ich dies meiner gesunden Lebensweise zuzuschreiben. Aber sollte nicht auch der Einfluss der Pyramide mitgeholfen haben?

So wurde ich Nichtraucherin

Wenn ich während meiner Rheumazeit noch geraucht hätte, dann wäre das vielleicht mein Untergang gewesen. Zumindest hätte das den Heilungsprozess stark verzögert, daran zweifle ich nicht. Das Rauchen sollte bei Rheuma absolut unterlassen werden. Hätte ich mir das Rauchen nicht schon vorher abgewöhnt, hätte ich das zu Beginn meiner Krankheit ganz sicher getan.
In Krisenzeiten habe ich immer besonders stark geraucht, das kann wohl jeder Raucher bestätigen. Man kann sich dann so schön an der Zigarette „festhalten". Früher war für mich eine Feier ohne Zigarette undenkbar – der alberne Glimmstengel gehörte einfach dazu. Ich habe leider für meine Begriffe nicht wenig geraucht und das über viele Jahre. Was habe ich nicht alles versucht, um von diesem Laster loszukommen. Alle mir bekannten Tricks habe ich ausprobiert. Das ging so weit, dass ich mehrmals eine noch halbvolle Zigarettenpackung wegwarf, in der Hoffnung, ich würde mir nach dieser „Verschwendung" bestimmt keine Zigaretten mehr kaufen. Doch das fruchtete nichts – schon nach kurzer Zeit besorgte ich mir neue Zigaretten, und die Qualmerei begann von neuem.
Irgendwann wurde es mir aber doch zu bunt. Die Zigaretten begannen mich anzuekeln. Ich war mir der gesundheitlichen Gefahren schon lange bewusst, außerdem wollte ich mein sauer verdientes Geld nicht in die Luft blasen. Nein, ich wollte mich nicht länger von diesen kleinen Biestern, wie ich die Zigaretten nannte, dirigieren lassen. Es machte mich einfach wütend, dass ich so wenig Courage hatte, mit dem Rauchen aufzuhören.
An meinem 50. Geburtstag fiel dann bei mir der Hammer. Ich erinnere mich noch genau, als wäre es gestern gewesen: Am Abend dieses Tages stand ich am Fenster unseres kleinen Fernsehzimmers und qualmte meine letzte Zigarette. Unzählige Gedanken jagten mir durch den Kopf. Mit gemischten Gefühlen machte ich den letzten, besonders tiefen Zug, dann flog die dreckige Kippe im hohen Bogen zum Fenster hinaus.

Das ist jetzt 13 Jahre her, und ich hoffe, nie mehr rückfällig zu werden. Ich hatte seitdem nicht ein einziges Mal das Verlangen nach einer Zigarette, selbst dann nicht, wenn ich mitten unter Rauchern war. Allerdings stört es mich nicht, wenn andere rauchen.
Die oft erwähnten Entzugserscheinungen blieben bei mir glücklicherweise aus. Ich bekam keine Gewichtsprobleme, und mein Süßigkeitskonsum steigerte sich auch nicht. Er war auch kaum steigerungsfähig, denn er war schon vorher recht beachtlich.
Vor allen Dingen hatte ich keinesfalls das Gefühl, dass ich „nichts mehr vom Leben habe", wie das so oft zu hören ist. Nein, es ist mir nicht schwergefallen, mit dem Rauchen aufzuhören. Ich fühle mich frei und unabhängig, und ich bin vor allem stolz darauf, dass ich es aus eigener Kraft geschafft habe.
Im letzten Vierteljahr, bevor meine Raucherkarriere zu Ende ging, machte ich eine Beobachtung, die möglicherweise den Anstoß gab, mit dem Rauchen aufzuhören: Immer wenn ich an eine Zigarette dachte, überkamen mich starke Angstgefühle. Es war jedes Mal das gleiche: Der Wunsch zu rauchen – und im gleichen Moment die Angstgefühle. Für mich war das ein sicheres Zeichen, dass mein Unterbewusstsein noch „vernünftig" reagierte und sich gegen das Gift wehrte. Gott sei Dank habe ich darauf richtig reagiert.
Bernhard Shaw soll einmal gesagt haben: „Es ist gar nicht so schwer, sich das Rauchen abzugewöhnen. Ich habe es schon mehrmals geschafft."

Steht die Lebensdauer in den Handlinien?

Vor etwa zwei Jahren hätte ich nicht gewagt, die folgenden Zeilen zu schreiben. Da hatte ich nämlich gerade meine Krankheit und die daraus resultierenden Nachwehen überwunden. Genau zu dieser Zeit hätte nach der Weissagung einer Handleserin meine Lebenszeit beendet sein sollen.

Vor etwa 30 Jahren hatte mir einmal eine Frau aus der Hand gelesen. Ich hatte sie zufällig kennengelernt und danach nie wieder gesehen. Sie sagte mir (unter anderem), dass ich nicht alt werden würde, und sie nannte mir sogar das Sterbejahr. Ich war damals sehr betroffen über diese brutale Vorhersage, und auch jetzt, wo ich diese Zeilen schreibe, ist mir noch sehr unbehaglich zumute.

Als ich dann in den Jahren 1995–1997 schwer krank wurde, habe ich merkwürdigerweise kaum an diese Prophezeiung gedacht. Ein Psychologe würde wohl sagen, dass mein Verdrängungsmechanismus gut funktioniert hat, und das war auch gut so.

Ja, diese Frau hätte fast Recht gehabt mit ihrer Voraussage. Altersmäßig kam es genau hin, und meine gesundheitlichen Aussichten waren damals tatsächlich alles andere als rosig. Ich würde nur 62 Jahre alt, sagte sie mir damals, und ich war Ende 59, als mein Rheuma begann. Interessant in diesem Zusammenhang ist auch, dass meine Oma 62 Jahre alt geworden ist! Da kann man schon stutzig werden und ins Nachdenken kommen!

Nach meiner überstandenen Krankheit habe ich mich ein wenig mit der „Kunst des Handlesens“ befasst. In einem Buch las ich, dass man die Lebensdauer eines Menschen keinesfalls aus den Handlinien erfährt, in einem anderen stand wieder das Gegenteil – was war nun richtig? Ich könnte mir vorstellen, dass gewisse Schwachpunkte, Krisen und Krankheiten angedeutet sind, aber wie gesagt, das ist nur meine Meinung.

Eigentlich wollte ich dieses Thema völlig übergehen, aber ein Gespräch, das wir einmal mit einem Ehepaar hatten, hat mich veranlasst, einiges darüber zu schreiben.
Wir lernten diese Leute in einem gemütlichen Café in Marienbad kennen. Ich weiß nicht mehr, wie es geschah, aber irgendwie steuerte das Gespräch auf meine überwundene Krankheit und das Handlesen zu. Unser männlicher Tischnachbar behauptete, dass man die Lebensdauer eines Menschen zwar aus den Handlinien ersehen könne, allerdings machte er die Einschränkung, dass jeder Mensch Dank seiner Kraft und Stärke die Möglichkeit habe, gegen seine Krankheit anzukämpfen. Man habe doch viel in der Hand, im wahrsten Sinne des Wortes. Das ist wohl möglich, das weiß ich ja aus eigener Erfahrung.
Ich habe mich oft mit Michael über dieses Thema unterhalten. Er gab mir dazu neulich eine erstaunliche Erklärung: Könnte es nicht sein, dass, abgesehen von meiner Lebenskrise, mein Unterbewusstsein die Krankheit ausgelöst hat, da es durch die Weissagung der Handleserin mit dem Sterben zu einem gewissen Zeitpunkt „gefüttert" worden war? Als dann der Zeitpunkt gekommen war, gab das Unterbewusstsein dem Immunsystem das Signal zum Krankwerden, das heißt, seine Aktivität einzustellen. Wir erleben doch auch häufig, dass ältere Menschen, die einen Lebenspartner durch Tod verlieren, diesem oft kurz danach folgen. Auch hier stellt das Immunsystem die Arbeit ein, so dass eine sonst unbedeutende Erkältung ausreicht, das Leben zu beenden. Michaels Ansicht kommt meines Erachtens aus der gleichen Wurzel wie die „Theorie nach Hellinger", über die ich schon berichtete.
Zum Thema Handlesen und Lebensdauer bleiben für mich viele Fragen offen, auf die es vielleicht nie sichere Antworten geben wird.

Schlusswort

Ich habe über alle meine Erfahrungen ehrlich berichtet. Aber im Nachhinein kann ich nicht mit Gewissheit behaupten, welches Mittel oder welche Methode mir in erster Linie geholfen hat. Ich glaube, dass nur das Zusammenwirken aller Anwendungen den Erfolg brachte. Ein Haus wird schließlich auch nicht nur von einem Handwerker gebaut, sondern von vielen, die Hand in Hand daran arbeiten.

Trotzdem möchte ich einen Unterschied machen zwischen Schmerzlinderung und Heilung.
Bei der Schmerzlinderung würde ich schwerpunktmäßig die Akupunktmassage nach Penzel und die Eigenurinbäder nennen.
Heilung brachte mir, wie ich meine, die Ernährungsumstellung, die großen täglichen Trinkmengen, die Enzymtherapie und die Ölziehkur.
Was meine Mobilität angeht, war die Manuelle Therapie, die ich während meiner Kur bekam, der absolute Favorit, gefolgt von Qi Gong.

Auch mit der Homöopathie habe ich auf mehreren Gebieten gute Erfahrung gemacht, aber beim Rheuma war der positive Einfluss dieser Therapie nicht klar ersichtlich. Das sollte aber niemanden entmutigen. Bei einem anderen kann Homöopathie wieder helfen. Dies ist typisch für die Ganzheitliche Medizin: Selbst bei gleichem Krankheitsbild kann von Patient zu Patient eine unterschiedliche Behandlung erforderlich sein.
In meinem Umfeld wird immer wieder mit Erstaunen festgestellt, dass alternative Heilverfahren bei mir gut anschlagen. Mitunter höre ich auch die ironische Bemerkung, dass man nur „fest daran glauben muss“. Ich denke, dass man es sich damit zu einfach macht. Selbstverständlich gehört eine große Portion Glauben an den Heilerfolg dazu, aber ich kann nicht verstehen, was daran falsch sein soll.

Auf jeden Fall blockiert man mit Skepsis und Zweifeln sehr stark den Genesungserfolg.
Mein heutiger Hausarzt sagte einmal zu mir, dass man natürliche Heilmethoden und alternative Verfahren nicht so ohne weiteres ablehnen kann, nur weil sie nicht erklärbar und (noch) nicht wissenschaftlich beweisbar sind.
Nach Meinung vieler Menschen wäre es ideal, wenn Schul- und Alternativmediziner noch viel enger als bisher zusammenarbeiten würden. In England zum Beispiel sind sogar Geistheiler offiziell an Kliniken tätig.

Es gibt gegen das Rheuma noch eine ganze Reihe alternativer Therapien, aber ich konnte unmöglich alles probieren. Wäre ich noch nicht gesund geworden, dann hätte ich bestimmt auch noch einiges davon versucht.
Die letzte Untersuchung durch meinen Hausarzt hat ergeben, dass meine Blutsenkung und mein CRP-Wert wieder normal sind. Mein EKG ist unauffällig, Puls und Blutdruck sind wieder normal. Was mir damals besondere Sorgen bereitet hat, war der Verdacht auf einen Tumor, den ein Arzt wegen meiner hohen Blutsenkung vermutete. Mein heutiger Hausarzt hat deshalb von sich aus einen speziellen Tumortest machen lassen. Der Befund war normal – und mir fiel hörbar ein Stein vom Herzen! Die Ängste bis zum Bekanntwerden des Ergebnisses waren höllisch!
Was noch nicht ganz in Ordnung ist, das sind meine Schilddrüsenwerte, aber sie haben sich gebessert, und das ohne chemische Medikamente. Von meinem Knoten, der sich stark verkleinert hat, habe ich schon berichtet. Als er 1982 bei mir entdeckt wurde, sollte ich ihn operativ entfernen lassen. Heute bin ich sehr froh, dass ich den Rat der Ärzte damals nicht befolgt habe. Ich weiß, dass nicht jeder Patient ein solches Glück hat, aber ich kann ja immer nur von mir sprechen.
Dass manche Werte noch nicht ganz „in der Reihe“ sind, darüber mache ich mich heute nicht mehr verrückt. Bei der Schwere der

Krankheit, die ich überwunden habe, braucht eben alles seine Zeit. Ich glaube nicht, dass ich noch einmal einen Rheumaschub bekomme. Ich denke, dass ich nun richtig auskuriert bin, weil ich Symptome nicht unterdrückt habe, sondern versucht habe, mich „ganzheitlich“ zu heilen.

Seit über zwei Jahren habe ich keine Schmerzen mehr, auch nicht beim sogenannten Rheumawetter. Ich fühle mich pudelwohl und so fit, wie ich mich seit 20 Jahren nicht mehr gefühlt habe. Meine Ausdauer hat sich demnach doch gelohnt.
Trotzdem ertappe ich mich heute noch manchmal dabei, dass ich beim Laufen die Knie stark anwinkle, um zu prüfen, ob meine Kniekehlen nicht wieder schmerzen. Das sieht dann jedesmal so aus, als würde ein „Storch im Salat“ herumstolzieren. Ich glaube, es wäre manchmal recht amüsant gewesen, wenn mich ein Kamerateam in den Jahren von 1995 bis 1997 gefilmt hätte.
Sehr wichtig ist bei einer Krankheit, einen Arzt zu haben, zu dem man volles Vertrauen hat. Das heißt, er sollte sich Zeit nehmen, zuhören können, erklären, was er tun will, und warum, Fragen beantworten und bei seinen Therapievorschlägen auch die Ansichten des Patienten berücksichtigen.
Wir haben einen großen soliden Freundes- und Bekanntenkreis, in dem ich mich geborgen fühle. Und wir sind in mehreren Vereinen und Interessengemeinschaften, ohne die ich mir isoliert vorkäme. Sich nicht abzukapseln ist sehr wichtig, auch wenn man das wegen der Qualen manchmal lieber tun möchte.
Während meiner Krankheit habe ich das Beten nicht vergessen, – im Gegenteil, ich habe mehr gebetet als je zuvor, denn ich empfand es als eine große Kraftquelle. Das hat sicher auch zu meiner Genesung beigetragen.
Ich hatte schon immer viele Hobbys, die ich hier kurz anführen möchte: Reisen, Radfahren, Wandern, Singen, Tanzen, Theaterbesuche, Ikebana und Dichten. Ganz ordentlich, nicht wahr? Während meiner Krankheit konnte ich die meisten Hobbys aus verständlichen

Gründen nicht ausüben; aber ich wollte mich nicht hängen lassen und habe manchmal ein Ikebana-Gesteck gemacht oder ein Gedicht geschrieben. Ich bin davon überzeugt, dass auch die Pflege eines Hobbys einen Heilungsprozess unterstützen kann. Jeder hat schließlich irgendwelche Interessen, die er unbedingt beibehalten sollte, so gut es geht.
Mein Selbstwertgefühl hatte in den schweren Jahren stark gelitten (Ich bin nichts wert, weil ich krank bin und weil ich keine eigenen vier Wände mehr habe)! Michael, der genügend Selbstwert besitzt, hat versucht, mir regelmäßig etwas davon abzugeben. Das war dann jedesmal eine energetische Umverteilung, wie bei der Akupunktmassage.

Ich hatte gute Chancen, gesund zu werden, und habe sie auch genutzt. Mir sind die meisten Therapien zur rechten Zeit offenbart worden, wofür ich meinem Schöpfer von ganzem Herzen dankbar bin. Ich bin froh darüber, dass ich mich nicht so schnell habe unterkriegen lassen. Meinen Optimismus und meine Lebenseinstellung habe ich in dem folgenden selbstverfassten Gedicht zum Ausdruck gebracht:

Das Leben ist doch lebenswert,
trotz mancher Schicksalsschläge.
Und war der Himmel manchmal grau
und war'n die Stürme noch so rauh –
ich sage „Ja" zum Leben.

Das Leben ist doch lebenswert,
trotz mancher schroffer Klippen.
Und war mein Schifflein manchmal leck,
und fiel ich öfter in den Dreck –
Ich sage „Ja" zum Leben.

Anhang

Adressen

1. **Deutsche Rheuma-Liga e.V.**
   Rheinallee 69
   53173 Bonn
   Tel.: 0228/957500

2. **Förderverein der Karl und Veronica Carstens-Stiftung**
   „Natur und Medizin“
   Am Michaelshof 6
   53177 Bonn
   Tel.: 0228/352503 und 356888

3. **Vereinigung „Ärzte gegen Tierversuche“ e.V.**
   Nusszeil 50
   60433 Frankfurt/Main
   Tel.: 069/519411